LA PÂTISSERIE DES SORCIERS

魔法使いたちの料理帳 II

オーレリア・ボーポミエ

田中裕子 訳

原書房

謝辞

本書、『魔法使いたちの料理帳 II』は、以下の方々に支えられて完成しました。
ここに心から感謝の意を表します。
今回のわたしの新たなチャレンジを再び後押ししてくれたディディエ、どうもありがとう。
素晴らしい編集者のマルジョリー、常に笑顔と思いやりを絶やさず、
わたしの矢継ぎ早の質問にひとつずつ丁寧に答えてくれて、
原稿を細かくチェックしてくれて、ミスを的確に指摘してくれて、
想定外の出来事にもスピーディーに対応してくれて、本当にありがとう。
ただひとつのスペルミス、誤用、文字化けも見逃さなかった、
クレヴァーな校正者のリュシアとシルヴィー、ありがとう。

そして、本書のために専門技術や知識を提供してくれた皆さん：
撮影とコーディネートを担当してくれたアンヌ、ヴァンサン、マエル、
イラストとデザインを担当してくれたアメリーとエロイーズ、
卓越したクリエイティヴィティでわたしをサポートしてくれたリゴリ、
番組のスタジオに温かく迎えてくれたフランス・ブルー・アルモリックとラジオ・カナダの皆さん、
無償の愛で支えてくれたお母さん、
わたしのためにたくさんのお茶を淹れてくれた友人のエステル、
現在の、そしてかつてのチームメンバーたち、
いろいろなことを教えてくれたり……くれなかったりしたシリル、心から感謝します。

本書はとくに以下の人たちに捧げます。
楽しいギャング団のクリステン、テオドール、エヴ、ジャン、ラナ、バンジャマンへ。
わたしの輝く太陽エミリー、わたしの北極星エロイーズへ。

魔法使いたちの料理帳

II

写真　アンヌ・ベルジョロン

開け、本よ！

魔法使いの食卓へ
ようこそ!

本書に登場する魔法使いたち

不思議の国のアリス

小さな女の子のアリスが退屈していると、目の前に白ウサギが現れた。アリスは走るウサギの後を追いかけていき、誤ってウサギ穴に落ちてしまう。するとそこには不思議の国が広がっていた……。ルイス・キャロルが知人の娘のアリス・リデルのために即興で作った物語で、1865 年にイギリスで出版された。不思議な出来事、突拍子もない事件が次々とアリスの身に襲いかかり、チェシャ猫、青イモムシ、帽子屋などの奇妙なキャラクターたちに出会う。世界でもっともファンタスティックな物語のひとつで、1951 年公開のディズニー・アニメーション映画も有名。P.21、38 、40、87、112、161

ファンタスティック・ビースト

J・K・ローリングの『ハリー・ポッター』シリーズに登場する魔法使い、ニュート・スキャマンダーは、魔法動物のスペシャリストだ。20 世紀初頭、世界中を旅して魔法動物の調査を行なっている途中で、ニューヨークに立ち寄った。するとトランクに入れておいた魔法動物たちを誤って逃してしまい、町中が大騒ぎに。一方、闇の魔法使いのグリンデルバルドは、魔法族によってマグル（ノー・マジ）を支配する世界を作ろうと企み、一部の魔法使いたちから絶大な支持を集めていた。ニュートは仲間と一緒にグリンデルバルドの企みを阻止するために立ち向かう。『ハリー・ポッター』シリーズのスピンオフ作品として、2016 年よりシリーズ映画化進行中。P.115、164

ブロセリアンドの森

フランス北西部のブルターニュ地方にあったという伝説の森。魔法使いマーリンと女妖精ヴィヴィアンが共に末永く暮らした場所として知られる。魔女モーガン・ル・フェイの呪いのせいで一旦入りこんだら出られなくなる異界もあり、リス 1 匹にも出会わずに 100 年さまよい歩いた者もいたという。かつてこの地にはコルヌアイユ王国の首都イスがあり、大いに繁栄していた。ところが放蕩と悪徳の限りを尽くした王妃ダユーが、洪水から町を守る水門の鍵を悪魔にだまし取られ、町は海に飲まれてしまう。ダユーはその後も魔女セイレンとしてこの地にとどまり、ドゥアルヌネ湾を行き交う人々を誘惑しつづけているという。P.120、123

ライラの冒険 黄金の羅針盤

イギリスの作家、フィリップ・プルマンのファンタジー小説『黄金の羅針盤』の映画化作品。イギリス・オックスフォードのジョーダン学寮で暮らすライラ・ベラクアは、いたずら好きのおてんば娘。両親を亡くしていたが、叔父のアスリエル卿がたまにようすを見にきてくれていた。だがその平穏な生活は、アスリエル卿による素粒子ダストの発見、コールター夫人との出会い、親友ロジャーの失踪によって一変する。ジプシャン族、パンサービョルネ（よろいグマ族）のイオレク、魔女たちと力を合わせて、真実を教えてくれる真理計（アレシオメーター）を頼りに、ライラはダイモン（守護聖霊）のパンタライモンと一緒にロジャーを探す旅に出る。P.91、109

ニーベルンゲン伝説

ゲルマン神話と北欧神話に登場するジークフリート（シグルズ）は勇敢な騎士（ヴァイキング）で、竜のファフナーを退治して黄金の指輪を手に入れた。ところがこの指輪には、人間の欲望をかきたてて破滅をもたらすという、ニーベルング王アルベリヒの呪いがかけられていた。さあ、ジークフリートの運命は？　ドイツの作曲家リヒャエル・ワーグナーはこの伝説に着想を得て、オペラの大作『ニーベルングの指環』を書いた。イギリスの作家J・R・R・トールキンも、この神話をベースに『ホビットの冒険』と『指輪物語』を書いたとされる。**P.116**

バーバ・ヤーガ

スラヴ民話の登場人物。あらゆることを知っていて、何でもお見通しの魔法使いだ。その姿はといえば、ある時は気むずかしい老婆、またある時はかわいらしい少女。誰かに何かを尋ねられるたびに歳をとり、青いバラの煎じ薬を飲むたびに若がえる。ニワトリの足の上に立つ小屋に住んでいて、移動する時は魔法のすり鉢にのって、銀の白樺で作られたホウキで自らの痕跡を消しながら進む。でも竜巻が上がる場所を見つければ、そこにはバーバ・ヤーガがいるはずなのだ。**P.118**

くるみ割り人形

原作を著したのはドイツの作家ホフマン。フランスの作家アレクサンドル・デュマによる翻案小説をベースにした、チャイコフスキーのバレエ作品で世に知られる。クリスマス・イヴの夜に、ドロッセルマイヤーおじさんからくるみ割り人形をもらったクララ。深夜0時になると、棚に飾られていた人形たちが突然動きだして、くるみ割り人形が素敵な王子に変身した。クララはお菓子の王国に入りこみ、王子にエスコートされたり、ドラジェの精に出会ったり、侍女たちが踊る歓迎のワルツに酔いしれたりする。**P.46、85、124**

チャーリーとチョコレート工場

貧しいながらも家族と幸せに暮らしていた、やさしい少年チャーリー・バケット。ところがある日、父親が勤め先のハミガキ粉工場をリストラされてしまう。そんな時、憧れの天才ショコラティエ、ウィリー・ウォンカが「当社の板チョコに5枚だけ金のチケットを同封する。当たった子供は工場を見学できる」と告知した。ウォンカの工場は完全非公開だったので、世界中の子供たちは大興奮。そして運よくチャーリーがそのうちの1枚を引き当てた。ウォンカの元従業員のジョーおじいちゃんと一緒に、チャーリーは工場でさまざまな不思議な出来事を体験する。ロアルド・ダールが1964年に書いた児童小説『チョコレート工場の秘密』の映画化作品。**P.23、24、169**

チャームド　魔女3姉妹

アメリカで1998～2006年に放送されたテレビドラマシリーズ。ブルー、パイパー、フィービーのハリウェル3姉妹（第4シーズンから異父妹のペイジが加わる）が、魔女として、女性として成長していくストーリー。ある日、サンフランシスコの姉妹の実家で、フィービーが「影の教典」という魔術書を発見した。そこに書かれた呪文を唱えたことで姉妹は魔力に目覚め、自分たちが魔女の血を引いていることを知る。3姉妹はふつうの人間としての生活を営みながら、魔物評議会（トライアッド）から送りこまれる悪魔たちと戦い、それぞれの魔力をパワーアップさせていく。**P.59、60、63**

インクハート　魔法の声

本の修理人のモルティマ（モー）は「魔法の舌」と呼ばれる不思議な能力を持っていた。本を朗読すると、その物語に登場する人やモノが現実世界にやってきてしまうのだ。そして、物語世界から何かがやってくると、代わりに現実世界の何かが本の中に閉じこめられてしまう。モーの妻のレサもそのひとりだった。モーは娘のメギーと一緒に、レサを取り戻すために『インクハート（闇の心）』という本を探して旅をしていた。ようやく本を見つけた親子の前に、物語世界へ戻りたい「ホコリ指」と、現実世界を支配しようとする悪役カプリコーンが現れて……。ドイツ人小説家コルネーリア・フンケによる児童小説『魔法の声』が原作の、2008年公開のファンタジー映画。**P.22**

ファイナルファンタジー

日本のゲームクリエイター、坂口博信によって生み出された、世界的に有名なコンピュータゲームシリーズ。開発・販売を手がけるのはスクウェア・エニックス社で、30年以上にわたってさまざまなプラットフォーム向けに作品を発表しているが、常に時代の最先端を行く映像クオリティを提供しつづけている。そのグラフィックの素晴らしさは、2001年の映画作品にも見事に継承されている。**P.157**

ウォーターシップ・ダウンのウサギたち

予知能力を持つ若ウサギのファイバーは、自分たちが暮らすサンドルフォード村に災厄が迫っていると予言した。ファイバーと兄へのヘイズルは、村長に避難するよう進言したがまったく取り合ってもらえない。しかたがないので兄弟は勇敢な仲間たちを引き連れて村を脱出し、新しい住処を探すことにした。山を越え、谷を越え、さまざまな危険を乗り越え、新しい友達を作りながら、ウサギたちは理想の地であるウォーターシップ・ダウンへと向かう。イギリスの作家、リチャード・アダムスによる児童小説。よくある動物寓話ではなく、詩歌、神話、冒険譚、英雄物語の要素を併せ持つファンタジー叙事詩になっている。アニメ化、映画化作品もある。**P.150**

ダンジョンズ&ドラゴンズ

1974年にアメリカで生まれた、世界初のテーブルトークロールプレイングゲーム。のちにコンピュータゲームや映画にもなった。その世界観はその後の多くのファンタジー小説に影響を与えている。中世を舞台にしたファンタジー世界で、プレイヤーたちは互いに協力しあってクエスト（使命）を遂行したり、謎を解いたり、敵と戦ったり、呪いを解こうと奮闘したりする。プレイヤーキャラクターは、人間、エルフ、ドワーフなどの「種族」、ローグ（盗賊）、ファイター（戦士）、ウィザード（魔法使い）などの「クラス」、善か悪か（アライメント）からそれぞれ選択される。各キャラクターの技能やアクションがゲームの行方を大きく左右する。**P.27、51、127**

ドラゴンライダー

孤児のエラゴンは、農夫の伯父と従兄と一緒に貧しいながらも幸せに暮らしていた。そんなある日、山奥で不思議な青い卵を発見する。そこから生まれたのは……なんとドラゴンだった。サフィラというその雌ドラゴンは、エラゴンにとってかけがえのない友人になった。エラゴンは村の語り部であるブロムから、ドラゴンライダーになるための技術と心得を教えてもらう。ところがドラゴン族を滅ぼそうとする帝国の暴君ガルバトリックスが、サフィラを抹殺しようと企んでいた。エラゴンとサフィラは、義勇軍、エルフ、ドワーフたちと共に、ガルバトリックスを倒す旅に出る。2003年に刊行されたクリストファー・パオリーニのファンタジー小説シリーズで、第1作目は『エラゴン　遺志を継ぐ者』というタイトルで映画化されている。**P.28、95、96**

ゴーストバスターズ

1984年に公開された大ヒットSFホラーコメディ映画で、世界中に社会現象を巻き起こした。監督はアイヴァン・ライトマン。最新の特殊撮影（SFX）、キャッチーな主題歌、絶妙なキャスティング（ビル・マーレイ、ダン・エイクロイド、シガニー・ウィーバーなど）も話題になった。1989年に続編が作られ、コンピュータゲームやアニメ作品にもなっている。大学のポストを追われた冴えない科学者たちが、幽霊退治人として大活躍するストーリー。つなぎ姿で、レーザー装置の「プロトンパック」を背負い、専用車両のECTO-1（エクトワン）に乗りこんで、ニューヨークに出没した破壊の神ゴーザ退治に奮闘する。**P.52、54**

グレムリン

アメリカのとある小さな町で、ビリーは両親と平穏に暮らしていた。ところが、父親からクリスマスにモグワイのギズモをもらったことで生活が一変する。モグワイを飼うには3つのルール（光を当てない、水をかけない、深夜0時以降に食料を与えない）を守らなければならないが、それを破ったために、増殖したモグワイが凶暴なグレムリンに変身してしまったのだ。ビリーはギズモと一緒にグレムリン退治に奮闘する……。数年後、ニューヨークの高層ビル、クランプ・センターで働いていたビリーはギズモと偶然再会する。ところがまたしても大量発生したグレムリンにビルが占拠されてしまい……。1984年に公開されたアメリカ映画で、1990年に続編が作られた。**P.57、99**

グリンチ

アメリカのとある町、フーヴィルの住民はクリスマスが大好き。一年で最高にスペシャルなこのお祭りをどう過ごすべきか、いつもみんなでアイデアを競い合っている。ところが町にはただひとり、クリスマスを心底嫌う者がいた。全身が緑の毛に覆われた生き物、グリンチだ。そしてグリンチは、今年こそ町のクリスマスをめちゃくちゃにしてやろうと決意していた……。原作は、1957年にセオドア・スース・ガイゼルが刊行した児童向け絵本『いじわるグリンチのクリスマス』。2000年にジム・キャリー主演で実写映画化され、2018年にはアニメーション映画化された。P.73、186

カーメロット

中世の騎士道物語『アーサー王物語』をパロディ化した、フランスのテレビドラマシリーズ。本作に登場するマーリンは、ブリテン王国の公認魔術師だが、問題を解決するどころかトラブルを起こしてばかり。気分屋で怒りっぽく、魔術の腕前もパッとしない。失敗すると「室内だからさ。外でやればうまくいったのに」と言い訳をする。最大のライバル、魔術師エリアスとのケンカは番組の名物だ。だがどういうわけか、時々素晴らしい魔法薬を調合することがある。P.121

魔女の宅急便

1989年公開の日本のアニメーション映画で、監督は宮崎駿、制作はスタジオジブリ。角野栄子による同名の児童書が原作。多くの賞を受賞し、世界中の批評家に絶賛された作品で、スタジオジブリの人気と知名度を不動のものとした。P.155

ハリー・ポッター

J・K・ローリングの人気ファンタジー小説シリーズで、映画化作品も大ヒット。孤児として育ったごく普通の少年ハリー・ポッターは、ある日突然、自分が魔法使いであることを知らされる。ハリーの両親を殺した闇の魔法使い、ヴォルデモート卿を倒す運命を背負った「選ばれし者」として、魔法界からひそかに注目されていたのだ。ハリーはホグワーツ魔法魔術学校に入学し、親友のロン・ウィーズリー、ハーマイオニー・グレンジャーと共に魔術の勉強をする。そして、最強の魔法使いでありながらもやさしいアルバス・ダンブルドア校長と冗談を言い合ったり、謎めいた教師のセブルス・スネイプから魔法薬の調合法を教えてもらったりする。P.42、88、163、167

レジェンド　光と闇の伝説

美しい花が咲き乱れる春の日、2頭のユニコーンを見に行くために、青年ジャックは王女リリーと一緒に森を歩いていた。ところが、リリーは掟を破ってユニコーンに触れてしまう。すると、闇の魔王の使いの小鬼がユニコーンの角を切り落とし、世界に呪いがかけられてしまった。奪われたユニコーンの角を取り返さないと、世界は闇に覆われてしまう。ジャックは妖精や小人たちと共に闇の魔王に立ち向かうが、リリーが魔王に囚われてしまい……。1985年公開、監督リドリー・スコット、主演トム・クルーズのアメリカ映画。胸躍るストーリー展開と映像美が魅力。やや古めかしくはあるが、今なおヒロイック・ファンタジーの傑作のひとつであり続けている。P.102、133

ネバーエンディング・ストーリー

1984 年公開、西ドイツ・アメリカの映画。1979 年刊行の
ミヒャエル・エンデによるファンタジー小説『はてしない物
語』が原作。いじめられっ子のバスチアンは、本屋で見つ
けた 1 冊の本に夢中になる。不思議な世界の「ファンター
ジェン」は「無」に蝕まれて崩壊の危機に瀕していた。物語
の主人公は、病に侵された女王「幼心の君」と、世界
を救おうとする勇者アトレーユ。ファンタージェンを救う方
法はただひとつ、ある人物に女王の名前をつけてもらうこと
だという。そしてその人物とは……。読書好きの孤独な少
年が物語世界の英雄になるストーリーで、今も年齢を問わ
ず幅広いファンがいる。**P.69**

ホビット

ホビット族のビルボは、袋小路屋敷で平穏な日々を送って
いた。ある日のこと、灰色の魔法使いのガンダルフと 13 人
のドワーフたちがやってきた。どんちゃん騒ぎをしながら、み
んなでエレボール、はなれ山、エルフの裂け谷などの話をし
ている。すると、あれよあれよという間にビルボもみんなに
同行することに！（慌てて家を出たのでハンカチを忘れてし
まったが）トロルに遭遇したり、邪竜スマウグに襲われた
り、「一つの指輪」を見つけたりと、スリル満点の冒険の旅
をしたのだ。え？　ビルボはその後どうなったかって？　心
配ご無用。ちゃんとホビット庄に戻って、数十年後にはガン
ダルフと一緒に 111 歳の誕生日を祝っている。そしてその日
もまた大事な 1 日となったのだ……。J・R・R・トールキン
による児童小説『ホビットの冒険』が原作で、2012 〜
2014 年にかけて 3 部作として映画化された。**P.101、129、
130、131**

リーグ・オブ・レジェンド　時空を超えた戦い

19 世紀末のロンドン。武器商人ファントムを捕らえるために、
「M」と名乗る人物によって「超人同盟」が結成された。
メンバーは、透明人間、トム・ソーヤー、ネモ船長（『海
底二万里』）、アラン・クォーターメイン（『ソロモン王の洞
窟』）、ミナ・ハーカー（『吸血鬼ドラキュラ』）、ドリアン・
グレイ（『ドリアン・グレイの肖像』）、ジキル博士（とハイ
ド氏）と、まさに「超人」ぞろい。しかも、映画版でクォーター
メインを演じるのはあのショーン・コネリーなのだ。アメコミ
好きには、原作の『リーグ・オブ・エクストラオーディナリー・
ジェントルメン』がお勧め。ちなみにファントムの正体は……
『シャーロック・ホームズ』シリーズに登場するあの人物だ。
P.150、175、176

マクベス

ウィリアム・シェイクスピアのもっとも有名な戯曲のひとつ。
スコットランドの将軍だったマクベスが王位に就き、狂気に
とらわれ、失墜するまでを描く。荒野の魔女たちによってス
コットランド王になると予言されたマクベスは、睡眠中の王
ダンカンを短剣で殺害する。恐怖と後悔にさいなまれ、とう
とう錯乱したマクベスは、自らに敵対すると思われる者た
ちを次々と手にかけていく。「女の股から生まれた者には倒
されない」という魔女の予言を信じ、自らを安泰だと思い
こんだマクベスだったが、まさにその予言にたがわぬ事件が
起きてしまう。**P.135**

マジック：ザ・ギャザリング

1993 年にウィザーズ・オブ・ザ・コースト社から発売された、世界初のトレーディングカードゲーム。メインデザイナーはリチャード・ガーフィールド。プレイヤーはプレインズウォーカーと呼ばれる魔法使いとして、多元宇宙で対戦相手と戦う。現在は 1 万 7000 種類以上のカードが存在しており、マナ（色）ごとに特徴が異なるカードを組み合わせてデッキ（山札）を構築する。世界中で認定トーナメントが行なわれており、数千ドルもの賞金を稼ぐトッププレイヤーもいる。能力が高くて希少性があるレアなカードは高値で取引されている。**P.65**

ミス・ペレグリンと奇妙なこどもたち

ミス・ペレグリンの屋敷には、特殊能力を持つ子供たちが暮らしていた。宙に浮かび上がるエマ、透明人間のミラード、植物を思い通りに操るフィオナ……。子供たちを外の世界から守るため、屋敷の敷地内には「ループ」が張られている。ここでの時間は永遠に 1943 年 9 月 3 日、戦争による空襲を受ける前日のままなのだ。かつてこの施設に暮らしていたという祖父の話を信じ、施設があるはずの島を訪れたジェイク。実は、この裏には恐ろしい事実が……ホローガスト（モンスター）が人間の姿になるために異能者たちの目玉を食べていたのだ！ 2016 年公開、ティム・バートン監督によるダーク・ファンタジー映画。原作はランサム・リグズの小説『ハヤブサが守る家』。**P.83、178**

ノストラダムス

16 世紀フランスで活躍した医師、薬剤師、占星術師で、本名はミシェル・ド・ノートルダム。王妃カトリーヌ・ド・メディシスに重用され、息子である国王シャルル 9 世の常任侍医兼顧問に任命された。薬草や植物の調合に大きな関心を抱き、医薬品としてのジャムの効用を信じて、フランス最古のジャムレシピ集とされる『化粧品とジャム論』を刊行している。後世においてはむしろ『予言集』でその名を知られており、「1999 年の 7 の月、空から恐怖の大王が来る」という「大予言」が世界中の人々を震え上がらせた。**P.30、45**

ピーター・パン

むかしむかし、あるところに、大人になりたがらない少年がいました。名前はピーター・パンと言いました……夜がふけるとウェンディは、弟のジョンとマイケルにこうしてお話を聞かせていた。ピーター・パンはおとぎ話の登場人物で、インディアンが住む島に暮らし、フック船長率いる海賊たちと戦っている。フック船長は、ピーターに切り落とされた左手をワニに食べられたことで、ピーターを恨んでいるのだ。だが、ピーターには頼もしい仲間がいた。妖精ティンカー・ベル（ティンク）と、迷子になって年を取らなくなったロストボーイたちだ。え？ ピーター・パンに会うにはどうしたらいいかって？ ティンクの粉を浴びて信じる心を持ち、右から 2 番目の星に向かって飛んでいけばいいのさ！ イギリスの作家ジェームス・マシュー・バリーの戯曲と小説が原作で、ディズニーのアニメーション映画で世界的に有名になった。**P.66**

ナルニア国物語

C・S・ルイスの長編児童小説で、現在も映画化が進行中。天魔のジンと巨人族とのハーフの白い魔女、ジェイディスは、ナルニアを「クリスマスのない冬の時代」にしてしました。だが、心やさしいフォーン、頼もしいセントール、仲睦まじいビーバー夫妻、そして勇気あるペベンシー兄弟姉妹たちが、力を合わせて悪の支配者に立ち向かう。こうして白い魔女は失脚し、ベルナの戦いで創造主のアスランによって完全に倒された。やがてペベンシー兄弟姉妹の治世下、神話の生き物や妖精たちが自由に暮らすナルニア黄金時代がやってくる。**P.64、136、139、177**

ニコラス・フラメル

14世紀初めにフランスのパリ近郊で生まれた、出版業者、錬金術師。慈善事業や寄付を頻繁に行なうなど非常に裕福であったことから、「賢者の石」を製造して、卑金属を金に変えていると噂された。「ハリー・ポッター」シリーズの第1作『ハリー・ポッターと賢者の石』では、不老不死を願うヴォルデモートの手に賢者の石が渡らないよう、自らの手で破壊している。賢者の石は多くの文学作品や映画で取り上げられ、人々の欲望をかき立てている。なお、フラメルは「ファンタスティック・ビースト」シリーズでも重要な役柄として登場している。**P.185**

パイレーツ・オブ・カリビアン

1967年に誕生したディズニーパークのアトラクション「カリブの海賊」から着想を得た、冒険ファンタジー映画シリーズ。海賊のレジェンド、ジャック・スパロウは、さまざまな敵と戦いながらいつも生と死の間を行ったり来たりしている。カリブ最速の帆船ブラックパール号で7つの海を渡りながら、死者の宝箱（デッドマンズ・チェスト）とその鍵を探して奮闘したり、海の死神サラザールと対決したりと忙しい。気まぐれでちゃらんぽらんで意地汚い盗賊だが、果たしてエリザベス・スワンとウィル・ターナーを助け出し、ヘクター・バルボッサとうまくやっていくことができるのだろうか？ **P.76**

プリンセス・ブライド・ストーリー

ウィリアム・ゴールドマンによる長編小説『プリンセス・ブライド』を原作とする、1987年のアメリカ映画。フェンシング、決闘、拷問、復讐、追跡、逃避行、真実の愛、奇跡など、胸躍る要素がたっぷり詰まったファンタジーロマンスだ。フローリン国の農夫ウィスリーは、愛するバターカップと結婚するために大金稼ぎの旅に出るが、旅先で海賊ロバーツに殺されてしまう。失意のバターカップはもう二度と誰も愛さないと決意する。数年後、絶世の美女に成長したバターカップは、王位継承者であるフンパーディンク王子との結婚を渋々了承する。ところが結婚式直前、見知らぬ3人の男たち（リーダー格の小悪党ビジニ、父親を殺害した相手に復讐を誓う剣の名手イニゴ・モントヤ、力持ちだが心やさしい巨人のフェジク）にさらわれてしまう。そこへ仮面をつけた黒装束の男が現れて……。**P.29、172**

サブリナ

1996〜2003年に7シーズン（全163話）にわたって放送された、アメリカのコメディ・テレビドラマ。原作はアーチー・コミックのマンガ『魔女サブリナ』。ドラマの成功を受けて、テレビアニメーション、テレビ映画も作られ、2018年からはネットフリックスでホラーテイストなリブート版『サブリナ：ダーク・アドベンチャー』が配信されている。サブリナ・スペルマンは16歳の時に自分が魔女であると知った。そこで修業のために、魔女の叔母姉妹、ヒルダ（明るく無邪気）とゼルダ（物静かでまじめ）の家に居候をすることに。ふたりが飼っている黒猫セーレムは、世界征服を企んだ罪で100年の「猫の刑」に処せられている魔法使いだ。**P.152**

シュレック

オーガ（怪物）のシュレックは、森の奥の沼地でひとり気ままに暮らしていた。ところがある時、領主のファークアード卿が、おとぎ話の登場人物たちをひとり残らず町から沼地へ追いやってしまった。平穏な生活を失ったシュレックは、ロバのドンキーを従えて直談判へ。すると、ドラゴンの城に幽閉されているフィオナ姫を救いだせば、元どおりの暮らしを保証してくれるという。はたしてシュレックの運命は？ ウィリアム・スタイグによる絵本『みにくいシュレック』を原作にした、フルCGの冒険ファンタジー・アニメーション映画。これまでシリーズ4作（＋スピンオフ1作）が作られている。**P.70、107、143、145、146、181、182**

ストレンジャー・シングス　未知の世界

ザ・ダファー・ブラザーズが製作・監督・脚本を務める、SFホラー・テレビドラマシリーズ。シーズン3（全25話）まで放送され、今後はシーズン4も予定されている。ある日、ウィル・バイヤーという少年が町から失踪してしまう。母親のジョイス、マイク・ウィーラーをはじめとする友人たちは、謎の少女イレブン（エル）と警察署長ホッパーと共にウィルを捜索する。同じ頃、ホーキンス研究所では超常現象の研究が行なわれており、どうやらウィルの失踪に関係しているらしい……。本作は視聴者と批評家から高い評価を受け、クリエイティブアーツ・エミー賞の5部門を受賞。ネットフリックスでもっとも人気が高いテレビシリーズのひとつに数えられる。**P.79**

タラ・ダンカン

タラ・ダンカン（本名タラティランネム・タル・バルミ・アブ・サンタ・アブ・マル・タル・ダンカン）は、フランスの作家ソフィー・オドゥワン＝マミコニアンによる、児童向けファンタジー小説シリーズの主人公。フランスではテレビアニメ化もされている。フランス南西部の小さな村に暮らす少女タラは、ある時、自分が魔術師（ソルスリエ：ソール［魔術］をリエする［結びつける］者）であることを知る。しかも単なる魔術師ではなく、魔術に支配された別世界（オートルモンド）における人間の国、オモワ帝国の王位後継者だったのだ！ 人間のほかに、エルフ、ドラゴン、小人、トロルらも暮らす別世界には、恐ろしい秘密と危険な敵が潜んでいた……。**P.147**

セイラムの魔女

これは、アメリカ史上もっともおぞましい事件のひとつだ。1692 年、セイラム村とその近郊に住む少女たちが、魔女から魔術をかけられたと告発。厳格なピューリタン社会を背景に、200 人近い善良な村人たちが魔女として逮捕され、裁判にかけられ、収監されたのち、十数人が処刑されたり獄死したりした。事件後、セイラムという名は魔女と関係づけられることが多くなり、テレビドラマシリーズ『サブリナ』(p.14) でも、100 年の「猫の刑」に処せられた魔術師が「セイラム」(日本語版では「セーレム」と表記されるが綴りは同じ) と名づけられている。**P.140**

スターダスト

イギリスのとある村、ウォール。一見何の変哲もないふつうの村だが、村の東にある壁の向こう側にはなんと妖精国が広がっていた。ある日のこと、青年トリスタンは片思いの相手ヴィクトリアを喜ばせるために、壁の向こう側に落ちた流れ星を取ってくると約束して旅立った。トリスタンは波乱万丈の旅の中で、やさしい心と強い意志を持つ流れ星の美少女、恐ろしい魔女、王位を巡って殺し合いをする王子兄弟、雷を捕まえて売りさばいている海賊たちと出会う。原作はイギリスの作家ニール・ゲイマンの小説で、2007 年に映画化された。ファンタジーとアドベンチャー好きなら年齢を問わず誰でも楽しめる作品。**P.37**

ウィッチャー

ポーランドの CD プロジェクト RED によって開発されたコンピュータゲームで、ジャンルはアクションロールプレイングゲーム。アンドレイ・サプコフスキのファンタジー小説が原作で、現在シリーズ第 3 作まで発表されている。第 1 作は2008 年に発表され、第 2 作は 2011 年発表の『ウィッチャー2 王の暗殺者』、第 3 作は 2015 年発表の『ウィッチャー3 ワイルドハント』。いずれもレビュアーの高評価を得ており、「もっとも売れた PC 版ゲームトップ 100」にランクインしている (第 1 作だけで 120 万本、シリーズ累計で 5000 万本)。**P.170**

スリラー

キング・オブ・ポップの異名を持つマイケル・ジャクソンによる、1982 年の大ヒットアルバム『スリラー』のタイトルナンバー。ショートフィルムのようなプロモーションビデオも話題になった。マイケルはガールフレンドと一緒に狼男の映画を鑑賞した。映画館を出ると外はもう真っ暗だ。ふたりで墓地のそばを歩いていると、うっすらと霧が立ちこめてきた。すると墓石の下から大勢のゾンビが現れ、じりじりとふたりのほうへやってくる。怯えるガールフレンドを尻目に、マイケルも突然ゾンビに変身してしまい……。スタイリッシュなダンス、キャッチーな音楽、赤いジャケット、地の底から響くような笑い声などは、いずれももはや伝説。今でもミュージックビデオ史上最高傑作のひとつに数えられている。**P.33**

トロイのトロルたち

フランスで人気の中世ファンタジーコミック（バンド・デシネ）シリーズ。トロイの世界では、人間、奇妙なクリーチャー、そしてトロルたちが共存している。人間は魔術を使うことができ、自由に髪を伸ばしたり、服を消したり、傷を治したりできる。トロルは自分たちを先進的だと思いこんでいるが、人間から見れば原始的だ。知性が低く、気性が荒くて、手当たり次第何でも口にし、人間だって食べてしまう。トロルが恐れているのはただひとつ、からだを濡らすことだけ。水に濡れるとからだがキレイになってしまい、いつもまわりを飛んでいる大事なハエたちがいなくなってしまうからだ。P.148

トワイライト

17歳の少女ベラは、一緒に暮らしていた母親が再婚することになって、父親が住むフォークスという町にやってきた。曇りや雨ばかりのじめじめした土地で、新しい高校にも馴染めずにいたが、絶世の美男美女であるカレン兄弟姉妹に目が釘づけに。実はカレン一家には大きな秘密があった。全員がヴァンパイア、しかも人間の血は吸わずに動物の血だけで生きている「草食ヴァンパイア」だったのだ！　ベラは、末っ子のエドワードと恋に落ちる。だが、ベラはエドワード好みのかぐわしい香りを漂わせていて……。アメリカの作家ステファニー・メイヤーによるティーン向け小説シリーズで、2008〜2012年に映画化されている（全5作）。P.74

クリスマス・キャロル

イギリスの文豪チャールズ・ディケンズによる中編小説で、世界でもっとも素晴らしいクリスマスストーリーのひとつ。エベネーザ・スクルージは冷酷な守銭奴。友達、家族、恋人といった温かい人間関係をいっさい築かずに、血も涙もない高利貸し商売をしながら、書記のボブ・クラチットを薄給でこき使っている。クリスマスの夜、かつての共同経営者で、数年前に亡くなったジェイコブ・マーレイの亡霊が現れた。これからスクルージの前に3人の幽霊が現れて、過去と現在と未来のクリスマスを見せるという。幽霊たちと一緒にそれらの光景を見たスクルージは、ある決意を固める。それは人生をやり直す最後のチャンスだった……。P.49、93、168

ヴァンパイア・ダイアリーズ

ステファンとデイモンのサルバトーレ兄弟は数百年生きつづけているヴァンパイアだ。デイモンは人間を殺して血を吸うことを厭わないが、ステファンはなるべく人間らしくいようと人間を襲わずに動物の血だけで生きていた。ある時、ミスティック・フォールズという町で、兄弟はかつて三角関係にあった女性キャサリン・ピアーズにそっくりのエレナと出会う。それからさまざまな事件が起こりはじめるが、町に暮らす魔女たちはヴァンパイアと人狼の復活を苦々しく思っていた。そして人間たちも彼らの争いに巻きこまれていく……。アメリカの人気テレビドラマシリーズ（全8シーズン）で、原作はL・J・スミスによる同名小説。P.41、183

はじめに

　美しきも醜きも、賢者も愚者も、人間もそうでない者も、ファンタジー世界の魔法使いたちも、お菓子の誘惑にあらがえる者など誰もいない。確かに、ざっと見わたした限りでは、魔法界に生きる者たちの多くは、世界を破滅させようと企んでいるか、あるいは逆に世界を救おうと苦心しているか（やりたくてやってるわけではない者も含めて）のいずれかであるようだ。だが、どうだろう。そうして生きている一人ひとりは、実は大変な食いしん坊ではないだろうか？　ガンダルフやハリウェル３姉妹のような人間の姿をした魔法使いたちはもちろん、セントール、ヴァンパイア、人狼、ゴブリン、トロル、ファントム、ドラゴン、フォーン、ウサギ、ビーバーだって例外ではない。

　本書は、シリーズ第１作と同様、魔法のレシピだけを集めた特別な魔術書だ。だが今回はとくに、お菓子やスイーツなど甘いものだけに的を絞っている。どうしてかって？　それは第一に、第１作の読者の皆さん（皆さん、読んでくれてありがとう！）の強い希望があったから。そして第二に、ファンタジー世界の登場人物たちはとりわけ甘いものに目がないらしいと、わたし自身が気づいたからだ。そこでわたしは、再び愛用のペンを携えて、皆さんが愛する世界に生きる者たちの、お気に入りのスイーツを探す旅に出たのだ。それは、決してたやすい道のりではなかった。あらゆる危険を乗り越え（もっとも危険だったのは、物語に夢中になりすぎたわたし自身が、本来の目的をすっかり忘れてしまった時だった……）、慣れ親しんだ登場人物たち（ハリー・ポッター、クリスマス・キャロル）に会いに行ったり、アクセス困難な遠くの世界（ナルニア国物語、ネバーエンディング・ストーリー）をはるばる訪れたり、恐ろしい海賊（フック船長！）と対決したり、ラスボスたちと戦ったり（ダンジョンズ＆ドラゴンズなど）しなければならなかった。すべては、読者の皆さんに喜んでもらいたかったからだ。

　さあ、親愛なる読者の皆さん、こうして完成した本書をぜひ手に取ってほしい。

　もしかしたら皆さんの中には、グレムリンとアリスの帽子屋が、マクベスの魔女とホビットのビルボが、ウィリー・ウォンカとスリラーの狼男が、こうして肩を並べているのを奇妙に感じる人もいるかもしれない。確かにこの本には、つるりとした肌の者、毛むくじゃらの者、背中に翼が生えた者、分厚い皮に覆われた者、全身鱗だらけの者など、さまざまなクリーチャーたちが溢れている。いったい彼らのどこに共通点があるのかって？　それはもちろん、全員がファンタジー世界の住民で、あの慣れ親しんだ奇妙な世界へわたしたちを導いてくれる者たちばかりという点だ。

　でも、わたしたちが生きているこの世界だって、ごくありふれた退屈なものに思えるかもしれないが、よく探してみればたくさんの不思議なことが隠れているのではないだろうか？

　さあ、早速ページをめくってみよう。家族で、友だち同士で、パーティーで、もちろんひとりきりでも、いつでもおいしく味わえるお菓子がたくさん詰まっている。どこから読み始めても読み終えても構わない。皆さんのお気に召すまま、気分次第で、必要に応じて読もう。クリスマスのお菓子を作りたい時、ハロウィンパーティーを催す時、小人たちとお茶をする時などに役立ててほしい。

　でも、どんな時もこれだけは忘れないで。

　　　　　　「魔法は、必ず使えると信じる者にしか使えない」　Ｊ・Ｒ・Ｒ・トールキン

第1章

魔法使いの
一口サイズの
スイーツ

ハートの女王のプチパイ

† 材料(15〜20個分)

冷凍パイシート……250g

牛乳(ドリュール用)……少量

チョコレートクリーム
……200ml

赤い果実
(イチゴ、キイチゴ、赤スグリなど)
……100g

クロッケー大会で、ハートの女王はしょっちゅう甘いものをつまんでいる。自らのプレーに惚れ惚れしたり、赤く塗りおえたばかりのバラにうっとりしたり、アリスのくしゃみで空高く飛んでいったトカゲを目で追ったりしながら、赤いお菓子をもぐもぐと食べているのだ。だって、女王は赤が大好きだから! そう、一国を治めるのは決して楽な仕事ではない。そしてそれ以上に難しいのは……笑顔と平静さを保つことだ。

† 調理時間・10分　† 加熱時間・10分

1)そこのおまえ、オーブンを230℃に熱しておくんだよ! ドードー鳥がカツラの毛先を巻くのに使っているカーラーをくすねるか、麺棒を使うかして、解凍したパイシートをおよそ2mmの厚さに伸ばし、ハート形の抜き型でくり抜きなさい。それらをオーブンシートを敷いた天板の上に並べなさい。

2)生地の表面にドリュールを薄く塗って、オーブンに10分入れるんだよ! ネムリネズミの毛と同じ色になるまで焼きなさい。さあ、ぐずぐずしてないで、冷ましている間にクロッケーをしに行くよ!

3)ちょいとおまえ、もうクロッケーはおしまいだよ! さっさとフィリングを作りなさい! 赤い果実をタルトの個数分取り分けておいて、残りをチョコレートクリームに混ぜなさい。

4)2)で焼き上がったパイ生地の内側をスプーンでくり抜いてカップ状にしなさい! 3)のクリームを詰めて、取り分けておいた赤い果実を飾ったら完成だよ。どうだい、おいしいだろう? おいしくないなんて言うやつがいたら、すぐに首をはねよ!!

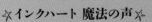

ホコリ指のおやつ

ホコリ指は、炎を自在に操るジャグラーだ。モルティマ（モー）が本の中から
こちらの世界へ呼びだす直前まで、指先の上で器用に火を踊らせていた。え？
どうしてホコリ指はそんなに物語の中へ戻りたいのかって？　そりゃあ、向こう
の世界のおやつをもう一度食べたいからさ。

† 調理時間・10分　† 加熱時間・10分　† 寝かせ時間・30分

1) アーモンド、ヘーゼルナッツ、ピスタチオを粗めに砕く。指を鳴らして火花を散らし、
指先にそっと息を吹きかけて火をおこす。炎を自在にうねらせ、存分に踊らせてから、
「竜の息」を吹いてフライパンの底に火を移す。砕いたナッツ類をフライパンに入
れ、香ばしい匂いが立つまでローストする。

2) 生クリーム、ハチミツ、グラニュー糖、バター60gを鍋に入れて弱火にかけ、よく混ぜ
て均一になるまで溶かす。火から下ろし、1)のローストしたナッツ類を加えて混ぜ
る。

3) オーブンを170℃に熱しておく。天板に薄くバターを塗って、オーブンシートを敷く。
2)の生地をスプーンですくって少量ずつ置く。焼くと広がるので間隔を十分に空ける
こと。オーブンに10分ほど入れる。常温で冷ましてシートからはがす。

4) チョコレートを小さく砕き、1かけのバターと一緒にボウルに入れ、湯煎で溶かす。溶
かしたチョコレートに3)を半分だけ浸し、チョコレートが固まるまで網の上にのせて
おく。炎のダンスを眺めながら味わおう。

† 材料（15個分）

アーモンド……50g

ヘーゼルナッツ……50g

ピスタチオ……50g

生クリーム……小さじ1

ハチミツ……20g

グラニュー糖……50g

バター……60g+1かけ（仕上
げ用）+少量（天板用）

チョコレート……100g

BOUCHÉES & FRIANDISES

チャーリーとチョコレート工場

毛生えキャラメル

† 材料(20個分)

バター……60g

コンデンスミルク……200g

粉糖……125g

ハチミツ……大さじ1

ウィリー・ウォンカが発明したたくさんのお菓子のうちで、もっとも素晴らしいもののひとつがこの毛生えキャラメルだ。間違いない！ このキャラメルをなめれば数週間後には、きみのさみしい頭髪もウンパ・ルンパ顔負けのぼうぼうの毛に生え変わるはずだ。

† 調理時間・30分　† 加熱時間・30分　† 冷蔵時間・30分～1時間

1) バットを準備し、端からはみ出すほど大きなオーブンシートを敷く。

2) ルンパランド産の特殊な鍋に、バター、コンデンスミルク、粉糖、ハチミツを入れて弱火で加熱する。

3) 粉糖が完全に溶けて、表面が小さく波立ってきたら、さらに火を弱めてよくかき混ぜながら20分ほど加熱する。キャラメルが鍋にこびりついてしまうので決して沸騰させないこと。全体が白色から黄金色に変わって、クリームのようになめらかに、チョコレートの滝のようにとろりとしてきたら、火から下ろす。

4) キャラメルがはねるので、火傷をしないよう軍手をはめる。1)のバットから高さ1cmくらいのところで鍋を構え、そっと流し入れる。均等にならし、粗熱が取れたら冷蔵庫に30分～1時間(きみのお腹がぐうと鳴るまで)入れる。完全に固まる前に好みの抜き型で抜く。冷蔵庫で保存しよう。

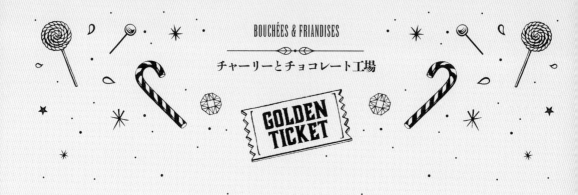

虹色のボンボンゼリー

チャーリー・バケットは、わずかな確率から見事に金のチケットを引き当て
て、憧れのウィリー・ウォンカのチョコレート工場を見学できることになった。
その扉の内側に隠されていたのは、想像を絶する素晴らしい光景だった。
チョコレートの川が流れ、木や花や草や果実はすべてお菓子でできている。
どんなに暑くても溶けないアイスクリームや、いくら噛んでも味の消えない
チューインガムだってある。さあ、まずはこの虹色のボンボンゼリーを味わっ
てごらん。おいしくなければお代はお返しするよ！

†調理時間・15分　　†加熱時間・5分　　†冷蔵時間・2〜3時間

1) ジュースや搾り汁をそれぞれ鍋に入れ、ハチミツを加えてよく混ぜる。粉寒天を加え
て火にかけ、かき混ぜながら2分ほど沸騰させる。
2) 小さいサイズのシリコンモールド（球体、クマ、ハート、花など好きな形のもの）に流
し入れ、粗熱が取れたら冷蔵庫に2〜3時間入れて固める。
3) モールドからはずす。さあ、ボンボンゼリーを味わってみよう。まずはひとつ、続けても
うひとつ、いややっぱりもうひとつ……だって、何事も3回はやってみないとわからな
いからね。残りは密閉容器に入れて冷蔵庫に保存しておこう。

†材料（各色40個分）
赤色
ビーツの搾り汁……250ml
イチゴ果汁……250ml
ハチミツ……大さじ2
粉寒天……2g
オレンジ色
ニンジンの搾り汁……250ml
オレンジジュース
（アンズ、マンゴーでも可）
……250ml
ハチミツ……大さじ2
粉寒天……2g

黄色
洋梨果汁……250ml
リンゴジュース……250ml
ハチミツ……大さじ2
粉寒天……2g

緑色
キュウリの搾り汁……500ml
ハチミツ……大さじ2
粉寒天……2g

紫色
ブドウジュース
（ブルーベリーでも可）……500ml
ハチミツ……大さじ2
粉寒天……2g

ダンジョンズ＆ドラゴンズ

エナジーボール

遥かかなたにある忘れられた王国の、迷路のように入り組んだ小道のどこかに、きみが対決すべき敵がいるはずだ。さあ、なじみの武器商人のところへ行って、このエナジーボールをたっぷり仕入れておこう。これさえあれば、どんなに手強い相手でも瞬きするより早く倒すことができるはずだ。

† 材料（40個分）

パンプキンシード……200g

オートミール……200g

デーツ……250g

ハチミツ……75g

カボチャピューレ（市販）
……75g

シナモンパウダー
……小さじ1

ジンジャーパウダー
……小さじ1/2

ナツメグ……1個

† 調理時間・10分　† 加熱時間・5分

注：エナジーボールを使用できるのは、アーマークラス5以上、THACO7以上のウィザードのみである。

1) 新たなクエストが与えられたら、ただちに次の方法でエナジーボールを準備する。まず、パンプキンシードをフライパンに入れ、強火で数分間ローストする。

2) ミラー・イメージの呪文を使い、オートミールも同様にする。

3) 細かく刻んだデーツ、ハチミツ、カボチャピューレ、シナモンパウダー、ジンジャーパウダー、すり下ろしたナツメグ（10すり分）をボウルに入れ、トロルのこん棒かゴブリンの槍を使ってよく混ぜる（決して自分の魔法の杖は使わないこと。べたつくので必要な時に使えなくなってしまうからね）。

4) 1)のパンプキンシードと2)のオートミールをバットに入れて混ぜる。

5) 3)の生地を眼球摘出用鉗子かスプーンを使ってすくい、4)の上を転がして指でつかんでもべたつかなくなるまで表面にまぶす。材料がなくなるまで繰り返す。

6) アドベンチャーがスタートしたらすぐに食べよう。

サフィラの卵

いや、ドラゴンは絶滅していない！ サフィラとその兄弟たちの卵は、ドラゴンの絶滅を企む者たちに見つからないように、ある場所に巧妙に隠されているのだ。

†材料（20個分）

冷凍ブルーベリー……30g

バター……100g

生クリーム……40g

ホワイトチョコレート……250g

粉糖……75g

† **調理時間・20分**　　† **加熱時間・10分**

† **寝かせ時間・30分**　† **冷蔵時間・3時間**

1) 冷凍ブルーベリーを凍ったままフードプロセッサーかハンドブレンダーにかけて細かく砕き、パウダー状にする。

2) バターを鍋に入れて弱火にかけて柔らかくし、生クリーム、小さくカットしたホワイトチョコレート、1)のブルーベリーパウダーを加え、かき混ぜながら溶かす。

3) 2)をボウルに移して粗熱を取り、ラップをして冷蔵庫に3時間入れる。

4) 粉糖をバットに広げる。3)の生地をスプーンですくい、手で丸めてドラゴンの卵形に整える。粉糖の上を転がして全体にまぶし、軽く叩いて余分を落とす。

5) 通説だとドラゴンの卵は温めなくてはならないとされているが、本来は涼しいところに保存するべきだ。この卵もひんやりしたところ、たとえば冷蔵庫などで保存しよう。きっと誰も本当の卵のありかを知らないから、ドラゴンは絶滅したなどと間違った噂が立ったのだろう。

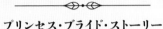

プリンセス・ブライド・ストーリー

奇跡屋マックスの蘇生薬

†材料(16個分)

オレンジ……1個

皮なしアーモンド……150g

ブラックチョコレート
……150g

ミルクチョコレート……200g

偉大な魔法使いの奇跡屋マックスにとっては、同じ「死」でも、ほぼ死んでいるか、まあまあ死んでいるか、完全に死んでいるか、微妙な違いがあるらしい。イニゴ・モントヤとフェジクが絶望の穴で発見したウェスリーは、すでに「完全に」死んでいるように見えた。だが、もしかしたらどうにかしてくれるかもしれないと、一か八かマックスのところへ連れていったところ……運よくウェスリーは息を吹き返したのだ。

†調理時間・20分　†冷蔵時間・2時間　†加熱時間・20分

1)オレンジの果皮を削って細かく刻む。その間に、スペインの剣の達人が「やあ、おれの名前はイニゴ・モントヤ。よくも父を……」などと訳のわからないことをぶつぶつつぶやいても、あまり気にしないようにしよう。

2)アーモンドをフライパンに入れて強火にかけ、数分間ローストする。そのうち100gを巨人のフェジクに頼んで細かくすりつぶしてもらう。

3)ブラックチョコレートと、ミルクチョコレート50gを小さくカットしてボウルに入れ、湯煎で溶かす。1)のオレンジの果皮、2)のすりつぶしたアーモンドを加える。粗熱が取れたら製氷皿に注ぎ、冷蔵庫に2時間入れる。まあ、だいたい、イニゴとフェジクがことば遊びをしているのを聞くのにうんざりした頃がちょうどよいだろう。

4)2)のアーモンドの残り50gをフェジクに頼んで、今度は粗に砕いてもらう。ミルクチョコレートの残り150gを湯煎で溶かし、砕いたアーモンドを加える。

5)3)を製氷皿からはずし、トレドの剣の先端に刺して(フォークでも構わない)、4)のチョコレート液に浸して全体をコーティングする。ボウルの縁で余分を落とす。

6)チョコレートを常温で固めている間、イニゴとフェジクには再びことば遊びで暇つぶしをしてもらおう。さあ、いよいよこれを食べる時が来た。これできみはとうとう、城を陥落させることも、バターカップの結婚式を中断させることも、ルーガン伯爵に立ち向かうことも、海賊船に乗りこむこともできるようになるはずだ。

カリソン

偉大な予言者のノストラダムスは、ジャムの効能と製法に関する研究者でもある。出身地の南仏エクス・アン・プロヴァンスは、フルーツジャムやコンフィの名産地。16世紀にはすでにあったこのエクス銘菓を、ノストラダムスもおいしく食べていたはずだ。

† **材料**（60個分）

アーモンドパウダー……100g

粉糖……75g

メロンのコンフィ（砂糖漬け）……80g

レモンのコンフィ……20g

オレンジフラワーウォーター……小さじ1

無酵母パン（市販または自家製）……100g

グラサージュ（コーティング）用

レモン果汁……150ml

粉糖……150g

† **調理時間**・10分　† **寝かせ時間**・1晩＋3時間

1) アーモンドパウダーをフライパンに入れて強火にかけ、数分間ローストする。ローストしたアーモンドパウダー、粉糖、メロンとレモンのコンフィ、オレンジフラワーウォーターをフードプロセッサーにかけ、柔らかい生地にしてボール状にまとめる。べたつくようなら、鍋に入れて数分間強火にかけて水分を飛ばす。

2) 1)の生地を2枚のオーブンシートで挟み、麺棒で5mmほどの厚さに伸ばす。上側のシートをはずして、菱形（なければ正方形でも可）の抜き型で抜く。2回抜くごとに型をぬるま湯に浸すこと。

3) 同じ抜き型を使って無酵母パンを抜く。抜きにくいので力をこめて型を押し、端の余分を落として形を整える。2)の生地をパンの上にくっつけるようにのせて、金網の上で1晩寝かせる。

4) レモン果汁と粉糖を混ぜてグラサージュを作る。3)の生地の面をグラサージュに浸し、指先で均等にならして完成。食べたくて我慢できなくなるまで待ってからいただこう（実際はグラサージュが固まるまで3時間ほど待つのが望ましい）。

スリラー

狼男のポップコーン

マイケルはガールフレンドと一緒に映画館へやってきた。上映されているのはホラー映画だ。マイケルはポップコーンをほおばりながら楽しそうにスクリーンを眺めていたが、恋人はもう帰りたいと言って席を立ってしまう。外はすでに闇夜だった。モンスターが怖いのかと尋ねるマイケルに、ちっとも、と強がる彼女。そのようすにマイケルはなぜかニヤリと目を細め……。

† 材料（4人分）
サラダ油……90ml
ポップコーン用コーン豆
……50g
バター……2かけ
ブラウンシュガー……300g
塩……2つまみ

† 調理時間・5分　† 加熱時間・5分

1) 夜空に月が輝く頃、サラダ油とコーン豆3粒を鍋に入れてフタをする。強火にかけて「ポンッ！」と豆がはじける音がするまで待つ。フタを開け、火傷しないよう気をつけながら3つの豆を取り出す。残りのコーン豆をすべて鍋に入れて再びフタをし、中火にかける。豆が焦げつかないよう時々鍋を揺する。

2) 音がしなくなって不気味な静けさが訪れたら、鍋を火から下ろす。

3) 出来上がったポップコーンをボウルに移す。鍋底に残った油を拭きとり、バターを入れて火にかけて溶かす。溶かしたバターをポップコーンの上に注ぎ、よく混ぜて全体にからませる。ブラウンシュガー大さじ1杯を茶こしで上から振りかける。残りのブラウンシュガーと塩を、バターの膜がまだうっすらと残っている鍋に入れ、黄金色になるまで中火で加熱する。

4) 3) のキャラメルソースをポップコーンの上からかける。木べらを使って混ぜながら全体に行き渡らせれば完成。お気に入りの映画を観ながら食べよう。

第2章

――――★――――

魔法使いの
焼き菓子と
菓子パン

――――★――――

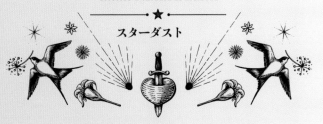

妖精たちのマーケットのプチパン

† 材料（12個分）

強力粉 ……400g

サルタナレーズン……50g

カリフォルニアレーズン……50g

塩……小さじ1

ドライイースト……5g

卵……2個

ハチミツ……大さじ1

フロマージュブラン……60g

牛乳……250ml＋少量（ドリュール用）

ウォール村の壁の向こうに広がるストームホールド国では、9年に一度、妖精たちによって賑やかなマーケットが開催される。機会があったらきみもぜひ行ってごらん。おいしそうなパン屋さん、見事なアクロバットを披露する大道芸人、魔法道具を扱う商人、空飛ぶ海賊船の船長たちに会えるはずだ。でも、くれぐれもご用心！　青い鳥に姿を変えられた王女からガラス製のスノードロップ（待雪草）を受けとったが最後、とんでもないことに巻きこまれるかもしれない。地上に落ちて足をくじいた「流れ星」と知り合ったり、王族の血を引く青年の馬車に飛び乗ったり、永遠の若さを手に入れようとする魔女から心臓を狙われたりするかもしれないのだ。

† 調理時間・10分　† 寝かせ時間・3時間　† 加熱時間・10〜15分

1) ふるいにかけた強力粉、サルタナレーズン、カリフォルニアレーズン、塩を大きなボウルに入れて混ぜる。ドライイーストを加えてさらに混ぜる。中心に窪みを作り、そこに卵、ハチミツ、フロマージュブラン、牛乳を順に入れる。手でこねて、均一で柔らかい生地にする。

2) 清潔な布巾（ラップでも可）をかけて、生地が2倍に膨らむまで、バスルームや暖房器具の近くなどの暖かい場所で2時間30分ほど寝かせる。

3) オーブンを210℃に熱しておく。

4) 生地を1分ほどこねてから12等分し、オーブンシートを敷いた天板の上に並べる。焼くと膨らむので間隔を十分に空けること。表面にドリュールを薄く塗り、黄金色の焼き色がつくまでオーブンに10〜15分ほど入れる。

5) 常温で30分以上冷ます。大道芸人のファイヤーパフォーマンスを見ながら味わおう。

「わたしをお食べ」クッキー

もしおまえのからだがドアを通れないほど大きくなったり、テーブルの上に置かれたカギに手が届かないほど小さくなったりしたら、このクッキーを食べてごらん。ただし気をつけるんだよ。クッキーのどちらかの端を食べるとからだが大きくなって、反対側を食べると小さくなってしまうからね。え、どっちがどっちかって？　さあね、そんなに知りたいなら試してみたらどうだい？

†調理時間・10分　†冷蔵時間・30分

†加熱時間・45分　†寝かせ時間・15分

1）涙の海に浸してオレンジを洗い、果皮を削って細かく刻む（気分次第で粗めに刻んでもよい）。一辺20cmのスクエアケーキ型（なければ耐熱皿でも可）にオーブンシートを敷きつめる。

2）ボウルの中からドードー鳥とトカゲを追いだして、常温で柔らかくしたバターとグラニュー糖75gを入れ、白っぽいムース状になるまでしっかりと泡立てる。1）のオレンジの果皮を加えて混ぜる。薄力粉とコーンスターチをふるいにかけて加え、柔らかい均一の生地になるまで混ぜる。1）の型に均等に流し入れ、ハートのトランプ兵の槍で表面をピケする（なければフォークの先を使っても可）。冷蔵庫に30分入れる。

3）オーブンを150℃に熱しておく。

4）表面がこんがりと黄金色になるまで、オーブンに45分ほど入れる。大さじ1〜2杯分のグラニュー糖をまんべんなく振りかけ、生地とオーブンシートの間にナイフで切りこみを入れておく（まだはずさないこと）。冷めるまで15分ほど寝かせる。

5）オーブンシートを持ち上げて型からはずし、好みの大きさの正方形にカットする。

†材料（20個分）

オレンジ……1個

バター……175g

グラニュー糖

……75g＋大さじ1〜2杯

薄力粉……125g

コーンスターチ……100g

チェシャ猫の舌

おかしなことばかり言っている永遠のお調子者、チェシャ猫は、いつも気の向くままに現れたり消えたりしている。木の上やハートの女王の頭の上で意味ありげにニヤニヤと笑っていたかと思うと、いつの間にかすっといなくなってしまう。え、次はいつ現れるのかって？　猫の舌の根が乾かないうちにさ!

†材料(8個分)

バター……125g
バニラシュガー……130g
薄力粉……100g
卵白……卵4個分(約130g)
塩……1つまみ

†調理時間・10分　†加熱時間・10分　†寝かせ時間・30分

1)オーブンを180℃に熱しておく。

2)常温で柔らかくしておいたバターとバニラシュガーをボウルに入れ、白っぽいムース状になるまでしっかりと泡立てる。ふるいにかけた薄力粉を少しずつ加える。

3)別のボウルに卵白と塩を入れて、角が立つまでしっかりと泡立てる。2)のボウルに加えて、なるべく多くの空気を取りこむよう泡立て器を大きく動かしながらかく拌する。

4)絞り袋(なければフリーザーパックでも可)に3)の生地を入れ、先端をハサミで切る。

5)オーブンシートを敷いた天板の上に、猫の脚1/2本分の長さ(だいたい6cm)×猫の爪2本分の太さ(だいたい2cm)に絞る。焼くと膨らむので、間隔を十分に空けること。

6)外側がこんがり黄金色になるまで、オーブンに10分ほど入れる。冷めたらとっととおまえの口の中に入れて消しておしまい!

桃のクロワッサン、ミスティック・フォールズ風

ヴァージニア州ミスティック・フォールズ名物のこのお菓子の起源は、オリジナル・ヴァンパイア時代に遡るという。きみも友だちと一緒にミスティック・グリルへ行って味わってごらんよ。ああ、もちろん、ヴァンパイア、人狼、魔女、ハイブリッド、ヴァンパイア・ハンター、あるいはふつうの人間でも、誰と一緒でも構わないよ。

† 材料(4人分)

桃……2個
冷凍クロワッサンシート(市販)
……4個分
オレンジジュース……250ml
レモン果汁……1個分
ブラウンシュガー……100g
シナモンパウダー……小さじ1
バニラビーンズ……1本

† 調理時間・15分　† 加熱時間・30〜40分

1) オーブンを180℃に熱しておく。

2) 桃を熱湯にくぐらせてから皮をむき、6枚にスライスする。冷凍クロワッサンシートを、商品の説明書にしたがって解凍し、大きなシートの場合は三角形にカットして麺棒で伸ばす(あらかじめ小分けにされていればそのまま使う)。三角形の一番広い面にスライスした桃を2〜3枚ずつのせてシートを巻く。

3) 大きめの耐熱皿にオレンジジュースとレモン果汁を注ぐ。ブラウンシュガーとシナモンパウダーをボウルに入れて混ぜる。バニラビーンズをナイフで縦に割って中の種をこそぎ取り、ボウルに加える。

4) 2)のクロワッサン生地を3)のジュースとレモン果汁を入れた耐熱皿に並べ、上からボウルの中身を振りかける。

5) クロワッサンが黄金色になって膨らむまで、オーブンで30〜40分ほど焼く。

ドビーのクッキー

ホグワーツ魔法魔術学校では、毎年クリスマスになると屋敷しもべ妖精がみんなのためにクッキーを焼いてくれるんだ。そして今年は特別に、ドビーは友だちのハリー・ポッターのために靴下形のクッキーを作ることにした。なんといってもハリーの靴下のおかげで、ドビーはマルフォイ家から無事に「解雇」されたんだからね。

† 調理時間・10分　† 冷蔵時間・30分

† 加熱時間・20〜30分　† 寝かせ時間・30分

1) 卵とグラニュー糖をボウルに入れ、白っぽくなるまで泡立てる。バニラエキス、ふるいにかけた薄力粉、塩、常温で柔らかくしたバターを加え、均一になるまで混ぜる。ボール状にまとめてラップをかけ、冷蔵庫に30分入れる。

2) オーブンを180℃に熱しておく。

3) 作業台に打ち粉をし、1) の生地を広げ、麺棒で2〜3mmの厚さに伸ばす。大きさの異なる2つの靴下形抜き型を用意する（なければ厚紙で型紙を作る）。大きな型で50個の靴下形を抜く。そのうちの25個をオーブンシートを敷いた天板に並べて10〜15分ほど焼く。靴下が黄金色になったら、ドラゴンの革製手袋をはめて取り出し、シートにのせたまま金網の上に置いて冷ます。

4) 3) の残り25個の靴下形の生地の上に、小さな型をのせて内側をくり抜く（もったいないので余った生地で別のクッキーを作ろう）。3) と同様にしてオーブンで焼く。

5) 3) と4) のクッキーが冷めたらシートからはがし、3) の表面にジャムを塗り、4) のくり抜いたクッキーをその上に貼りつける。粉糖、スプレーチョコ、トッピングシュガー、アイシングなどで好きなようにデコレーションする。仲よしの友だちと分け合って食べよう。

† 材料（25個分）

卵……1個

グラニュー糖……125g

バニラエキス……小さじ1

薄力粉……250g+少量（打ち粉用）

塩……1つまみ

バター……125g

好みのジャム（イチゴ、ブルーベリーなど）……1瓶

デコレーション用

粉糖、スプレーチョコ、トッピングシュガー、アイシングなどを好みで。

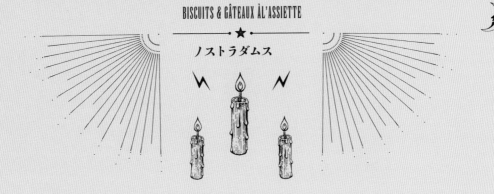

★
ノストラダムス

ナヴェット

† 材料(15個分)

材料(15個分)

薄力粉……500g

グラニュー糖……200g

塩……3つまみ

卵……2個

オリーブオイル……50ml

オレンジフラワーウォーター……

大さじ1～2

牛乳(ドリュール用)……少量

ノストラダムスの出身地である南フランスで、シャンドルール祭（聖母お清めの祝日、毎年2月2日）に食べられているお菓子だ。この日に食べると幸せになると言われている。キャンドルを灯した食卓にこのお菓子を置くと、雷と火事よけになるという言い伝えもある。だが、たとえ雷を遠ざけることはできても、おいしいものに目がない食いしん坊をこのお菓子から遠ざけるのは難しいだろう。

† 調理時間・10分　† 寝かせ時間・1時間　† 加熱時間・15～20分

1）太陽が空高く昇り、木々の影が短くなったら、薄力粉をふるいにかけてボウルに入れる。グラニュー糖と塩を加えてよく混ぜる。卵をひとつずつ加えて混ぜ、続けてオリーブオイル、オレンジフラワーウォーターを加える。

2）なめらかで均一な生地になるまでよく混ぜて、ボール状にまとめる。オレンジの香りがするのを確認しよう。清潔な布（ラップでも可）に包んで1時間寝かせる。

3）オーブンを180℃に熱しておく。

4）2）の生地をちぎり、大人の指と同じくらいの大きさの棒状にする。真ん中を指で押して窪みを作り、小舟の形に整える。表面にドリュールを薄く塗り、きれいな黄金色になるまでオーブンに15～20分ほど入れる。

5）お腹が鳴るのを我慢できるようなら、なるべく常温で冷ましてから食べよう。

お菓子の国のプフェッファーヌッセ

クリスマス・イヴの夜、クララは後見人のドロッセルマイヤーさんからくるみ割り人形をもらいました。でもドロッセルマイヤーさんは想像もしなかったでしょうね、自分のプレゼントによってこれほど不思議なことが引き起こされるなんて……。こうして、お菓子の国のコンフィチュランブール城で味わったこのスパイスクッキーは、クララにとって生涯忘れられない味になったのです。

† 調理時間・30分　† 加熱時間・15〜20分

1) ドロッセルマイヤーさんがプレゼントを持ってやってくるまでに、天板にオーブンシートを敷いて、オーブンを180℃に熱しておきましょう。

2) コリアンダーシード、シナモンスティック、クローブ、カルダモン、ナツメグ、白コショウをすり鉢に入れてすりこぎで細かく砕きます。あらかじめパウダー状になっているものを使っても構いませんが、こうしたほうが香りと食感がよくなるんです。どのくらい違うのかって？　ええと、「ふつう」と「スペシャル」くらいの差ですね。でも、パンデピス用ミックススパイスという便利なものも市販されているので、それに白コショウを混ぜて使ってもよいでしょう。

3) ハチミツが固まっていたら、鍋に入れて弱火にかけてとろりとした液状にします。ハチミツ、グラニュー糖、卵、ベーキングパウダー、2)のミックススパイスを、大きなボウルに入れて混ぜ合わせます。薄力粉を少しずつ加えながらへらで混ぜます。もったりと重たくなってきたら、手でこねて均一な生地にしましょう。手で丸めて直径2cmほどのボール状に小分けにします（小さな子がいたらやらせてあげてくださいね。おもしろがってやるはずですよ）。焼いたら膨らむので、間隔を十分に空けて天板の上に並べます。

4) 表面がこんがり小麦色になるまで、オーブンで15〜20分ほど焼きます。その間、クリスマスプレゼントのおもちゃで遊んでいる子たちから目を離さないようにしましょう。オーブンから出したらすぐに金網の上にのせて、微量の水で溶いた粉糖をまだ熱いうちに表面に塗ります。乾いたら出来上がりです。

† 材料（30個分）

コリアンダーシード……2粒
シナモンスティック……1本
クローブ……1個
カルダモン……1個
ナツメグ……1すり
白コショウ……1つまみ
ハチミツ……250g
グラニュー糖……150g
卵……2個
ベーキングパウダー……10g
薄力粉……500g
粉糖……50g

未来のクリスマスの
クラチット夫人のタルトレット

クラチット家の人たちは、つつましい生活を送りながらも、笑顔を絶やさず幸せに暮らしていました。だって今年のクリスマスには、あの陽気なスクルージさんが来てくださったんですから！　おかしな冗談ばかり言うものだから、ティム坊やはずっと大喜びではしゃぎ回っています。そう、あれからティムはすっかり元気になって、もう松葉杖だってついていないんですよ。

† 材料（24個分）

レモン……1個

薄力粉……300g＋少量（打ち粉用）

アーモンドパウダー……30g

バター……170g

グラニュー糖……80g

卵……1個

牛乳……大さじ3＋少量（ドリュール用）

ミンスミート（市販または自家製）……300g

粉糖……大さじ2（デコレーション用）

† 調理時間・15分　† 冷蔵時間・30分　† 加熱時間・15〜20分

1) レモンの果皮をおろし器ですり下ろす。薄力粉をふるいにかけてボウルに入れ、アーモンドパウダー、常温で柔らかくして小さくカットしたバターを加え、両手ですり合わせるようにして混ぜる。グラニュー糖、レモンの果皮を加えて指先で混ぜ、そぼろ状の生地にする。

2) 別のボウルで卵を溶き、牛乳大さじ3を加えて混ぜる。1)の生地に加えて手で混ぜ合わせ、なめらかで均一な生地にする。ボール状にまとめてラップをかけ、冷蔵庫に30分入れる。

3) オーブンを200℃に熱しておく。

4) 打ち粉をした作業台の上で2)の生地を伸ばし、抜き型やコップを使って48個の円形にくり抜く。

5) 4)の生地を24個のタルトレット型に敷きこみ、ミンスミートを小さじ1杯ずつ入れる。残り24枚の生地を型より少し大きめに伸ばし、内側を好きな形の抜き型でくり抜く。型の上にのせてフタをし、薄くドリュールを塗る。オーブンに15〜20分入れる。

6) 常温で冷ましてから、粉糖を振っていただこう。

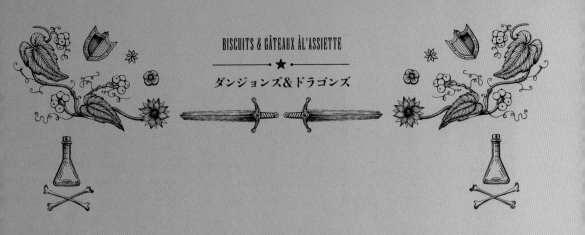

南方の国々のレモンケーキ

† 材料（8個分）

レモン……3個

バター……100g

グラニュー糖……175g

卵……2個

薄力粉……175g

ベーキングパウダー……5g

牛乳……100ml

粉糖……大さじ3

南方の海辺の国々の皇室で、しょっちゅう食卓に上っている人気のデザート。遠出する時に携帯しても、長期間おいしく食べられることで知られている。とくに、隣国を訪問する際の手みやげには最適だ。もちろん、こっそり毒を盛って手渡すことだってできる。この地方の皇族たちならそのくらいのことはしかねない。

† 調理時間・10分　†加熱時間・1時間　†寝かせ時間・30分

1) オーブンを170℃に熱しておく。

2) レモン2個の果皮を削りとって細くスライスする。レモン3個の果汁を搾る。

3) 常温で柔らかくしたバターとグラニュー糖をボウルに入れ、白っぽくなるまで泡立てる。卵を1個ずつ加え、しっかりとかく拌する。1)のレモンの果皮、薄力粉、ベーキングパウダー、牛乳を加え、均一になるまでよく混ぜる。マフィン型8個の2/3の高さまで生地を流し入れ、オーブンに1時間入れる。

4) 3)の中心にナイフの刃を入れて、先端が濡れていないことを確認する。表面にナイフで3～4カ所に切り込みを入れる。

5) 粉糖を2)のレモン果汁で溶かしてシロップを作る。4)の上から糸状に垂らして生地に染みこませる。

6) 常温で完全に冷ましてから型からはずす。泉の水がごぼごぼと湧き上がる音を聴きながら味わおう。

ニューヨーククッキー

ゴーストバスターズの3人は、緑色の発光性ゴースト、アグリー・リトル・スパッド（通称スライマー）を必死に追いかけていた。何でももりもり食べる大食漢で、ネバネバした緑色の粘液を人間にひっかけながら逃げ回る。なかなか捕まらない手強い相手だが、フードトラックで売られていたこのお菓子に気を取られているところを、まんまと捕まえることができたのだ。

† 調理時間・10分　† 加熱時間・10〜12分　† 寝かせ時間・15分

1) プロトンパックのエネルギーを充填している10分ほどの間、オーブンを180℃に熱しておく。
2) 保護ゴーグルをつけて、チョコレートを粗めに砕く。
3) スライマーの粘液がついていないボウルを探しだし、薄力粉、塩、重曹を入れる。別のイオン化されたボウルを探し、常温で柔らかくしたバターとブラウンシュガーを入れ、きつね色のムース状になるまでしっかりとかく拌する。卵を加えてさらに混ぜる。粉が入ったボウルに加えてよく混ぜ、なめらかな均一の生地にする。2)の砕いたチョコレートを加えて軽く混ぜる。
4) 愛用のエクトプラズム用スプーンを使って生地をすくい、オーブンシートを敷いた天板に並べる。焼いたら直径5cmくらいに広がるので、くっつかないよう十分間隔を空けること。
5) オーブンに10〜12分入れる。15分ほど常温で冷ましてからむさぼり食おう。食べ終わったら、さあ、ゴースト退治に出発だ！

† **材料**(25個分)
チョコレート……75g
薄力粉……150g
塩……1つまみ
重曹……1つまみ
バター……100g
ブラウンシュガー……100g
卵……1個

マシュマロマンのカップケーキ

作業に取りかかる前に、まずはプロトンパックをきちんと背負っておけよ。材料が突然ゴーストになって襲いかかってきて、全身をべとべとにされるかもしれないからな。あ、それから大事なことを言い忘れていたが、くれぐれもビームを交差させないように。そんなことをすれば大変なことが起こるぞ。

† 調理時間・20分　　† 加熱時間・15分　　† 寝かせ時間・30分

1) オーブンを180℃に熱しておく。
2) ライチの種を取りのぞいて4等分する。卵とグラニュー糖をボウルに入れ、白っぽくなるまで泡立て器でしっかりとかく拌する。薄力粉とベーキングパウダーを少しずつ混ぜながら加える。
3) バターを電子レンジに30秒ほど入れて溶かす。
4) 溶かしバター、牛乳、2)のライチを、2)のボウルに加えて混ぜ、均一な生地にする。マフィン型に分け入れ、オーブンに15分入れる。常温で冷ます。
5) トッピングの材料を作る。クリームチーズ、粉糖、レモン果汁を小さめのボウルに入れ、ハンドミキサーでしっかりとかく拌して固めのクリーム状にする。直径8mmの 丸口金をつけた絞り袋に入れる。
6) デコレーションをする。シュガーペーストパウダーの商品の説明書にしたがって、シュガーペーストを作る。青いシュガーペーストパウダーが手に入らない場合、白いパウダーに青いアイシングカラーを加えて色づけする。シュガーペーストでマシュマロマンの帽子とセーラー襟を作る。3)のカップケーキの上に4)のクリームを渦巻き状に絞り、帽子とセーラー襟をのせる。顔の部分にマシュマロをのせて、チョコペンで顔を描いたら完成。

† 材料（6個分）

ライチ……6個
卵……2個
グラニュー糖……60g
薄力粉……75g
ベーキングパウダー……小さじ1
バター……60g
牛乳……40ml

トッピング用

クリームチーズ……300g
粉糖……120g
レモン果汁……1/2個分

デコレーション用

シュガーペーストパウダー（青）
……100g
シュガーペーストパウダー（白）
……50g
マシュマロ……6個
チョコペン……1本

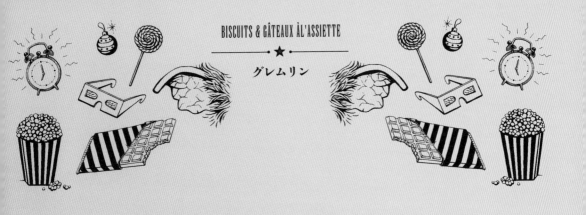

グレムリンのピーナッツバー

† 材料(20本分)

乳脂肪分3.5%以上の牛乳
……200ml
バター……125g
グラニュー糖……750g
ココアパウダー……大さじ4
ピーナッツ……60g
サラダ油……大さじ1

いつもは平和で静かなキングストン・フォールズのクリスマス。ところが今年はグレムリンたちが大暴れ！ 町じゅうを破壊しながらとうとう映画館へ乱入した。そして、近所の商店で略奪してきたピーナッツバーにかじりつきながら、『白雪姫と七人のこびと』を楽しく鑑賞したのだ。

† 調理時間・10分　　† 加熱時間・30分　　† 寝かせ時間・1時間

1) 牛乳、バター、グラニュー糖、ココアパウダーを鍋に入れる。しっかりかく拌しながら強火にかけ、沸騰しはじめたら火を弱める。30分ほど加熱してどろりとした生地にする。

2) 鍋を火から下ろして冷ます。ピーナッツを粗めに砕き、鍋に加えてよく混ぜる。

3) オーブンシートの裏に刷毛でサラダ油を塗り、バットに敷きつめる。2)の生地をバットに流し入れ、グレムリンの手の大きさと同じくらいの厚さ(2cmくらい)に広げ、均等にならす。常温で1時間寝かせる。

4) 切ったり、割ったり、切断したりするのに使っている愛用の道具(ナイフや斧や剣など)を使い、3)を棒状にカットして出来上がり(ケガをしないよう気をつけて！)。

ペイジのタルトレット

白の守護者と魔女の血を受け継ぎながらも、ごくふつうの女の子として養父母に育てられてきたペイジ・マシューズ。そんな彼女が、恐ろしい悪魔と戦いながら、魔法学校の校長を務める日がやってこようとは……。もちろん、そんな自らの境遇に悩むことだってある。とくにいろいろなことがうまくいかない日には、このタルトレットを食べて息抜きをするのがお決まりだ。ビリーとクリスティのジェンキンズ姉妹だって、ペイジが元気を取り戻すまで気長に待っていてくれるだろう。

† 材料(6～8人分)

生地用
バター……100g
粉糖……100g
薄力粉
……200g+少量(打ち粉用)
塩……1つまみ
卵……1個

フィリング用
バター……50g
卵……2個
バニラビーンズ……1本
ブラウンシュガー……150g
メープルシロップ……150ml
ピーカンナッツ……200g
バニラアイスクリーム
……1カップ(好みで)

† 調理時間・40分　† 冷蔵時間・1時間　† 加熱時間・40～45分

1) 外がまだ明るいうちに生地の準備をしよう。常温で柔らかくしたバターと粉糖をボウルに入れ、ムース状になるまでしっかりとかく拌する。ふるいにかけた薄力粉と塩を加える。別のボウルで卵を溶き、半量を先のボウルに加えて残りを取っておく。均一の生地になるまでよく混ぜてボール状にまとめ、ラップで包んで冷蔵庫に1時間入れる。

2) 姉たちと今後の戦いについて話し合いをしている間に、オーブンを200℃に熱しておく。フィリングを作る。バターを弱火にかけて溶かす。卵をボウルに割り入れ、1)で取っておいた卵と合わせて溶く。

3) バニラビーンズをナイフで縦に割いて中の種をこそぎ取り、ブラウンシュガー、メープルシロップと一緒に卵のボウルに加える。溶かしバターを注いでよく混ぜる。

4) ピーカンナッツの半量を粗めに砕き、3)に加えてよく混ぜる。1)の生地を麺棒で伸ばし、タルトレット型6～8個に敷きこむ。フィリングを詰めて均等にならし、残り半量のピーカンナッツを上から散らす。

5) オーブンに35～40分入れ、常温で冷ます。その間に外で雪を集めてきて、テーブルの飾りつけに使う雪玉を作っておこう。

注) このお菓子は中毒症を引き起こす危険性があるので要注意。

パイパーのパンプキンマフィン

サンフランシスコで高い評判を誇るレストランのシェフ、パイパー・ハリウェルの
スペシャリティー。分子運動を減速させられるパイパーの魔力は、実は調理に
も大いに役立っている。材料同士を完璧な状態に混ぜ合わせることができる
ので、おいしくて香り高いお菓子が作れるのだ。

†調理時間・10分　　†加熱時間・40分　　†寝かせ時間・1時間20分

1）オーブンを180℃に熱しておく。

2）薄力粉をふるいにかけて大きめのボウルに入れ、シナモンパウダー、塩、重曹、ベーキ
　ングパウダーを加えて混ぜる。パンプキンペースト、グラニュー糖、卵、無糖練乳を別
　のボウルに入れて均一になるまでよく混ぜる。先のボウルの中身を加え、さらに混ぜ
　る。

3）マフィン型、またはミニマフィン型の2/3の高さまで2）の生地を流し入れる。オーブン
　に40分入れる。

4）粗熱が取れるまで常温に20分ほど置き、型からはずす。さらに1時間ほど置いて完
　全に冷ます。

5）星口金をつけた絞り袋にホイップクリームを入れ、4）の上に絞る。茶こしでシナモン
　パウダーを振る。さあ、これを食べれば悪魔に立ち向かう準備万端だ。

†材料（マフィン4個、または
ミニマフィン12個）

薄力粉……80g

シナモンパウダー……1つまみ
+少量（デコレーション用）

塩……1つまみ

重曹……1つまみ

ベーキングパウダー……5g

パンプキンペースト……400g

グラニュー糖……100g

卵……2個

無糖練乳……150ml

ホイップ済みクリーム……適量

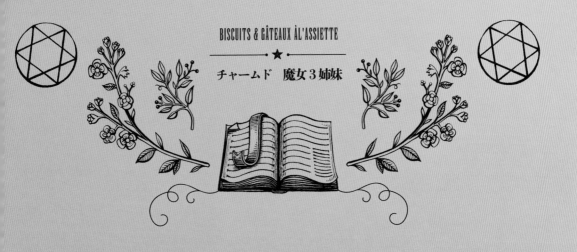

フィービーのクッキー

† **材料**(20個分)

好みのドライフルーツ(イチジク、アンズ、レーズンなど)
……150g

ドレンチェリーまたはアンゼリカ(赤、黄、緑)……150g

薄力粉……300g

バター……250g

ブラウンシュガー……250g

牛乳……小さじ1

卵……2個

重曹……1つまみ

ハリウェル3姉妹が自分たちの魔力に目覚めたのは、フィービーが古い魔術書『影の教典』を屋根裏で発見したことがきっかけだった。フィービーには予知能力があるとわかったのだが、当時はまだ他にも特別な能力があることに気づいていなかった。そう、食べるだけで空中を浮遊できるこの魔法のクッキーを作れるという能力に……。

† **調理時間・10分**　† **加熱時間・10分**　† **寝かせ時間・30分**

1) オーブンを180℃に熱しておく。

2) 愛用の儀式用ナイフを取り出し、ドライフルーツとドレンチェリー(アンゼリカ)を1cm角にカットする。

3) 分量の1/4の薄力粉と2)を大きめのボウルに入れて混ぜる。バター、ブラウンシュガー、牛乳、卵を、よく混ぜながら順に加える。残り3/4の薄力粉と重曹をふるいにかけ、少しずつ加えて混ぜる。

4) 3)の生地をスプーンですくい、オーブンシートを敷いた天板に並べる。焼いたら広がるので間隔を十分に空けること。

5) オーブンに10分入れる。すぐに食べたいだろうけれど、冷めるまでじっと辛抱しよう。

BISCUITS & GÂTEAUX À L'ASSIETTE

★

ナルニア国物語

セントールのビスケット

セントールは上半身が人間で下半身が馬なので、意外と食事が大変なんです。人間と馬の両方の欲求を満足させる必要があるからです。だから、『カスピアン王子の角笛』に出てくるナルニアのセントールたちも、みんなで戦争についての話し合いをしている間、このビスケットを食べて二重の欲求を満足させていたんですよ。

† **調理時間・15分**　† **加熱時間・10分**　† **寝かせ時間・10分**

1) リンゴの皮をむき、芯と種を取り除いて小さなダイス状にカットします。変色しないよう、水をはったボウルに浸しておきましょう。

2) オーブンを180℃に熱しておきます。

3) 常温で柔らかくしたバター、ハチミツ、卵を大きめのボウルに入れ、均一になるまでよく混ぜます。薄力粉と重曹をふるいにかけて加え、さらにシナモンパウダー、オートミール、水気を切った1)のリンゴを加え、よく混ぜます。

4) 3)の生地を小さなスプーンですくい、オーブンシートを敷いた天板に並べましょう。焼いたら広がるので、間隔を十分に空けておきます。

5) オーブンに10分入れます。常温で10分ほど冷ましてからシートをはがします。おっと、おなかを空かせたセントールのように慌てて飛びついてはいけませんよ。ぐっとこらえて、まずは紅茶(あるいはあなたの心を落ちつける別の飲み物)をゆっくりと味わい、ゆったりした気持ちでいただきましょう。

† **材料**(20個分)

リンゴ……1個
バター……110g
ハチミツ……175g
卵……1個
薄力粉……90g
重曹……微量
シナモンパウダー
……小さじ1/2
オートミール……130g

BISCUITS & GÂTEAUX ÀL'ASSIETTE

★

マジック：ザ・ギャザリング

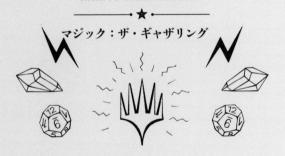

マナのビスケット

† **材料（20枚分）**

バター……170g
バニラパウダー……2つまみ
スターアニスパウダー
……2つまみ
シナモンパウダー……2つまみ
グラニュー糖……200g
卵……1個+卵黄1個分
薄力粉……340g
食用色素4種（青、赤、緑、黒）
……微量

マジック：ザ・ギャザリングを始める前に、まずはしっかり準備を整えておこう。対戦相手を倒すには、バランスがよくて強力なデッキを構築しなければならない。さらに忘れてはならないのは、エネルギー補給のための食糧の確保だ。5色のマナのビスケットをお気に入りのボックスに入れて、荷物の中にしのばせておこう。

† **調理時間・20分**　† **冷蔵時間・30分**
† **加熱時間・15分**　† **寝かせ時間・15分**

1) バター、バニラパウダー、スターアニスパウダー、シナモンパウダーを鍋に入れて火にかけ、きつね色になるまで加熱する。

2) グラニュー糖、全卵、卵黄、薄力粉、1) をボウルに入れて混ぜる。まとまってきたら、最後は手でこねて均一な生地にする。

3) 生地を5等分し、それぞれボウルに分け入れる。4種の食用色素を4つのボウルにそれぞれ1滴ずつ加え、こねて均一に色づける。

4) 3) の生地をそれぞれラップで包み、冷蔵庫に30分入れる。

5) オーブンを180℃に熱しておく。

6) 4) の生地を作業台に広げ、麺棒で厚さ5mmに伸ばす。円形の抜き型で生地を抜き、ナイフの先端でそれぞれのマナの模様を描く（白＝太陽、青＝水滴、黒＝ドクロ、赤＝炎、緑＝木）。オーブンに10分入れて、冷ましてから食べよう。

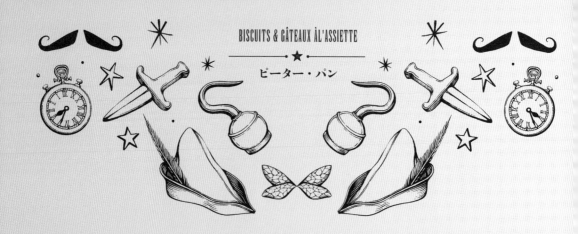

ロストボーイの
ブリオッシュ・ペルデュ

ぼくたちロストボーイにとってこのネバーランドはすごく楽しいところだ。勇敢なインディアン、プライドが高い人魚、チクタクワニ、フック船長……いろいろなタイプの住民が暮しているからね。でも、ぼくたちが何より楽しみにしているのは、ティンカーベルと一緒にこのお菓子を味わうことなんだ!

† 調理時間・5分　　† 加熱時間・20分

1) 首吊り人の木の根元にある秘密の扉から中に入り、キッチンへ向かう。バター1かけをフライパンに入れて火にかけ、パイナップルスライスを並べて片面5分ずつ焼く。カラメリゼされてよい香りが立ってきたら火から下ろす。

2) まあまあ清潔そうなボウルを探してきて、卵、バニラシュガー、牛乳を入れ、泡立て器でしっかりとかく拌する。ブリオッシュを好みの厚さにスライスし、ボウルの中の液に浸す。バター1かけをフライパンに入れて火にかけ、浸したブリオッシュを両面とも黄金色になるまで焼く。

3) 2)のブリオッシュの上に1)のカラメリゼしたパイナップルスライスをのせて出来上がり。ナプキンで包んでお弁当にし、ピーターと一緒にスカルロックのてっぺんに登って食べよう。

† **材料**(4人分)

バター……2かけ

パイナップルスライス……4枚

卵……2個

バニラシュガー……60g

牛乳……250ml

日にちが経ってかさかさになったブリオッシュ……4個

バスチアンのサンドウィッチ

バスチアン・バルタザール・ブックスは、学校の物置の片隅に寝っころがり、燭台を引き寄せ、毛布にくるまって、古本屋で買った本を読みはじめた。本のタイトルは『はてしない物語』。表紙には2匹のヘビの文様があしらわれている。そして、サンドウィッチをかじりながらページをめくるうちに、みるみる物語世界に引きこまれていった。だがこの時はまだ、この本によって自分の人生が大きく変わることには気づいていなかった……。やがて、バスチアンは本の世界の中へ本当に入っていってしまったのだ。

† 材料（4個分）

草原の小麦で作った全粒粉パンのスライス……8枚

モーラのくしゃみで柔らかくしたバター……50g

夜の森ペレリンで栽培されたバナナ……4本

レース用カタツムリが特別に配達してくれたチョコレート（ブラックまたはミルク）……150g

† 調理時間・5分 † 加熱時間・2分

1）本の世界に入っていき、火のライオンであるグラオーグラマーンに、パンのスライスを焼いてもらう（どうしてもオーブントースターやフライパンを使いたいなら、それでもよいが）。

2）きみの大きな手とナイフを使って、1）のトーストにバターを塗る。バナナの皮をむき、実を輪切りにする。1）のトースト4枚の上に、輪切りにしたバナナを使って、エルフェンバイン塔の周囲に広がる迷路園と同じ模様を描く。あるいは、自分が好きな別の模様でもよい。つまり、「汝の欲することをなせ」なのだ。

3）チョコレートをおろし器で削り、東西南北の大風坊主たちが力比べをした時の吹雪のようにバナナの上に散らす。バナナをのせていないトーストをその上にのせて、サンドウィッチにする。

4）このおやつには、南のお告げ所のウユララも目がないと言われている……。けれどもこれは別の話。また別の時に話すことにしよう。

クッキーマン

シュレックの頼もしい味方、クッキーマン。「遠い遠い国」でフェアリー・ゴッド
マザーに捕らえられたシュレックを、きょうだいのジャンボクッキーマンと一緒に
助けだしたのだ。

†調理時間・10分　†冷蔵時間・2時間　†加熱時間・20〜25分

1) ケーキマンのあったかい厨房に入りこみ、すり鉢とこん棒（なければすりこぎでも可）
を用意して、シナモンスティック、クローブ、コリアンダーシード、カルダモン、ナツメグ、
白コショウを粉状にすりつぶす。

2) ハチミツを小鍋に入れ、弱火で加熱してとろとろの液状にする。

3) グラニュー糖、2)のハチミツ、卵、1)のスパイス類、ベーキングパウダーを大きなボ
ウルに入れて混ぜ、ふるいにかけた薄力粉を加える。ゴムべらで混ぜ、まとまってきた
ら手でこねて均一な生地にする。ボール状にしてラップで包み、冷蔵庫に2時間入れ
る。

4) オーブンを180℃に熱しておく。

5) 打ち粉をした作業台で、3)の生地をフェアリーの足のサイズと同じくらいの厚さ
（5mmほど）に伸ばす。ジンジャーブレッドマン型で抜いて（なければ厚紙で型紙を
作る）、オーブンシートを敷いた天板に並べ、15〜20分オーブンに入れる。

6) 粉糖をレモン果汁で溶かしてアイシングを作る。好みで食用色素を加えて色をつけ
てもよい。オーブンシートを円錐形に丸めてコルネを作り、アイシングを入れて5)の
クッキーマンを好きなようにデコレーションする。すぐに乾いてしまうので手早く行な
うこと。レーズンはクッキーマンの両目に、グミやマシュマロは適当な大きさにカットし
て上着のボタンにする。

†材料（20個分）

シナモンスティック……1本

クローブ……1個

コリアンダーシード……2粒

カルダモン……1個

ナツメグ……1すり

白コショウ……1つまみ

ハチミツ……250g

グラニュー糖……150g

卵……2個

ベーキングパウダー……10g

薄力粉……500g+少量（打ち
粉用）

デコレーション&アイシング用

粉糖……50g

レモン果汁……100ml

食用色素……好みで

グミまたはマシュマロ……適量

レーズン……適量

フーヴィル風クリスマスプディング

フーヴィルの住民たちはクリスマスが大好き! 12月に入るとどの家でもアイデアを競い合いながら、せっせとクリスマスの準備をする。さて、ここではシンディ・ルーの家に代々伝わる秘伝のレシピを教えよう。あのひねくれ者のグリンチさえうっかり心を開いてしまうほど、すっごくおいしいクリスマスプディングなのだ。

† 調理時間・20分　† 加熱時間・1時間

1) オーブンを150℃に熱しておく。

2) お気に入りのクリスマスソングを唄いながら、常温で柔らかくしたバター、グラニュー糖、パン粉、スライサーを使って千切りにしたニンジン、シナモンパウダーをボウルに入れる。薄力粉とコーンスターチをふるいにかけて加え、よく混ぜる。

3) エレガントなしぐさで(おいしく作るためには大事な要素だ)、ドライフルーツとオレンジの果皮を細かく刻み、アーモンドを粗めに砕いて、レーズンと一緒に2)のボウルに加える。さらに、ハチミツ、卵、オレンジジュースを加え、うきうきと楽しそうにかき混ぜる。楽しく作らないとこのお菓子はうまくできないので、くれぐれも気をつけるように。

4) カヌレ型シリコンモールドをバットに入れ、モールドに3)の生地を流し入れる。バットに水を張ってオーブンに入れ、1時間ほど湯煎焼きにする。

5) 常温で冷まして、または冷蔵庫で冷やしていただこう。直前に粉糖を振って、さあ、メリークリスマス!

† 材料(8人分)

バター……250g

グラニュー糖……250g

パン粉……200g

ニンジン……100g

シナモンパウダー……小さじ2

薄力粉……100g

コーンスターチ……100g

好みのドライフルーツ(プルーン、アンズ、デーツなど)
……100g

オレンジの果皮……1個分

アーモンド……100g

レーズン……200g

ハチミツ……50g

卵……2個

オレンジジュース……200ml

粉糖……適量

人狼のマフィン

エドワードが姿を消した後、ベラは生ける屍のようになってしまった（そう、ヴァンパイアとの恋に遊びなどないのだ）。そんな彼女をあたたかく支えたのが、親友のジェイコブ。ベラはジェイコブからキラユーテ族の秘密を教えてもらった。若者たちが獰猛で巨大な狼に変身し、宿敵ヴァンパイアから人間を守っているのだという。だがそんな人狼たちも、エミリーが作ってくれるこのブルーベリーマフィンには目がないのだ。

† 調理時間・10分　† 加熱時間・20分　† 寝かせ時間・30分

1) オーブンを180℃に熱しておく。

2) 薄力粉、ベーキングパウダー、コーンスターチをふるいにかけ、ボウルに入れる。グラニュー糖と塩を加えて混ぜる。バニラビーンズのさやをナイフで縦に割いて中の種をこそぎ取り、ボウルに加える。

3) 卵、牛乳、サラダ油を別のボウルに入れ、均一になるまで混ぜる。2)のボウルに加え、スプーンを使ってさっくりと混ぜる。こねすぎないよう気をつけること。

4) マフィン型の2/3の高さまで3)の生地を流し入れ、冷凍ブルーベリーを上から散らす。オーブンに入れ、ふっくらと膨らんで黄金色になるまで20分ほど焼く。

5) 冷めたら型からはずす。がつがつと……いや、じっくりと味わってから、森のパトロールへ出かけよう。

† 材料（10〜12個分）

薄力粉……100g

ベーキングパウダー……10g

コーンスターチ……100g

グラニュー糖……150g

塩……1つまみ

バニラビーンズ……1本

卵……1個

牛乳……100ml

サラダ油……80ml

冷凍ブルーベリー……200g

女神カリプソのクッキー

沼地に暮らす謎めいた預言者、ティア・ダルマの正体は、なんとデイヴィ・ジョーンズが愛する女性、海の女神カリプソだった。さあ、大変! ジャック・スパロウがデイヴィ・ジョーンズ・ロッカー（海の墓場）に送られてしまった! やつを救出するには、ティア・ダルマの魔術によって死から蘇ったバルボッサ船長の力を借りなければならない。

† **調理時間・10分**　† **加熱時間・30分**

1）オーブンを180℃に熱しておく。

2）バニラビーンズのさやを愛用の儀式用ナイフで縦に割き、中の種を丁寧にこそぎ取る。

3）薄力粉、コーンスターチ、ベーキングパウダーをふるいにかけてボウルに入れ、塩を加える。ココナッツロング、ブラウンシュガー、2）のバニラビーンズの種を加えて混ぜる。

4）牛乳とバターを鍋に入れて弱火にかけ、バターが溶けるまで加熱する。魔術を唱えながら3）のボウルに加える。ダマにならないよう、かき混ぜながら少しずつ加えること。風のない日の海面のようになめらかな生地になったら、レーズンを加えてさっくりと合わせる。もし生地がパサつくようなら、大さじ2杯くらいの水を加えてもよい。

5）手でクルミ大に丸め、オーブンシートを敷いた天板の上に並べる。焼いたら膨らむので間隔を十分に空けること。オーブンに30分入れたら出来上がり。さあ、これを食べたら、ジャックを救うために世界の果てへ向けて出航だ!

† **材料**（20〜24個分）

バニラビーンズ……1本

薄力粉……90g

コーンスターチ……90g

ベーキングパウダー……5g

塩……1つまみ

ココナッツロング……150g

ブラウンシュガー……50g

牛乳……250ml

バター……25g

レーズン……50g

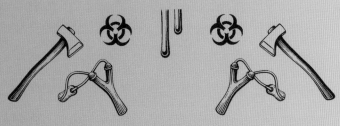

イレブンのワッフル

† **材料(4人分)**

卵……3個
バター……125g
薄力粉……250g
ミックススパイス……1つまみ
塩……1つまみ
ビール……125g
牛乳……125ml
サラダ油……少量
ホイップクリームまたはジャム
……好みで

どうやらホーキンス国立研究所では、とんでもなく恐ろしいことが行なわれているらしい……。さあ、ウィルを助けに「裏側の世界」へ行かないと！ そのために、エル（イレブン）は大好きなワッフルを食べて、心と体をベストな状態に整えておくのだ。

† **調理時間・20分**　† **加熱時間・4分**

1) まず手始めに、卵を卵黄と卵白に分ける。

2) バターを電子レンジに30秒ほど入れて溶かす。

3) 薄力粉、ミックススパイス、塩をボウルに入れ、ビールを加えて泡立て器でかく拌する。かき混ぜながら牛乳を少しずつ加える。1)の卵黄、2)の溶かしバターを加えて、さらによく混ぜる。

4) 1)の卵白を、ハンドミキサーで角が立つまで固めに泡立てる。3)のボウルに加えて、ゴムべらでざっくりと混ぜこむ。

5) ワッフルメーカーにサラダ油を引いて熱する。レードルで生地をすくって型に流し入れ、フタを閉めて黄金色になるまで4分ほど焼く。丸い抜き型でぬき、ホイップクリームやジャムをのせて熱々のうちに食べよう。

第3章

魔法使いの
ひんやり
冷たい
スイーツ

ホローガストの目玉

ホローガストはふつうの人間には姿が見えないが、とても恐ろしいモンスターだ。バロン率いる悪の異能者一派（ワイト）が、永遠の命を手に入れようとして失敗したことからこの世に誕生した。やつらは人間の姿を取り戻すために、ほかの異能者たちを襲っては目玉をむさぼり食っているのだ。

† 材料(6人分)
ライチ（缶詰）……1缶
黒ブドウ（巨峰、ピオーネなど）
……1房
ラズベリージュース
……1000ml

† 調理時間・10分

1) これはホローガストをおびき寄せるためのレシピだ。缶詰のライチの汁気を切る。余った汁はパワーとエネルギー充填のためにすぐに飲み干そう。
2) 黒ブドウをよく洗い、皮ごとライチの中に1粒入れる。これで目玉の完成だ。
3) ガラス製のグラスやボウルに2)の目玉を入れ、ラズベリージュースを注ぐ。
4) 暗い部屋の中央に置いたガラステーブルの上に3)をのせ、下からスポットライトを当てて目立つように演出する。これでおとりの完成だ。あとは罠を作ってやつらを捕まえるか、時間稼ぎをしておいてインブリンの翼に乗って逃げるかしよう。

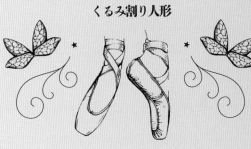

ドラジェの精のファンタジア

オルジャ王子とドラジェの精は、コンフィチュランブール城を訪れたクララとくるみ割り人形のために、盛大な祝宴を催してくれました。カラフルでおいしいお菓子が山のように供されて、お菓子の精たちが次々と個性的な踊りを披露してくれます。なかでも一番見事な踊りのひとつが、ドラジェの精とオルジャ王子のパ・ド・ドゥでした。

† **材料**（6個分）

粉ミルク……50g

牛乳……500ml

無糖練乳……250ml

グラニュー糖……大さじ1

アーモンドドラジェ……50g

チョコレートドラジェ……50g

† **調理時間・10分**　† **加熱時間・15分**　† **冷凍時間・3時間**

1) はらはらと雪片が舞いはじめたら、粉ミルクを鍋に入れます。牛乳と無糖練乳を加えて強火にかけ、粉ミルクを溶かします。沸騰しはじめたらすぐに火を弱め、グラニュー糖を加えましょう。鍋の中で木べらにワルツを踊らせながら、10分ほど加熱します。火から下ろして常温で冷ましましょう。

2) 2種類のドラジェを粗めに砕きます。少しだけなら味見をしても構いませんよ。ただし、このお菓子がおいしく作れなくなるので、全部食べてはいけません。

3) 1) の鍋が冷めたら、2) の砕いたドラジェを加えてよく混ぜ、アイスキャンディ型に流します。

4) 雪が降り積もったバルコニーに出しておきます（あるいは冷凍庫に入れます）。3時間待ったら出来上がり。雪片のワルツを眺めながらいただきましょう。

白ウサギの
「遅刻だ、遅刻だ」プリン

† 材料(6人分)

卵……3個

牛乳……500ml

バニラシュガー……80g

ハートの女王の伝令官である白ウサギは、懐中時計をにらみつけ、その日のスケジュールに気を取られながら、いつも時間に追われて走っている。忙しさの合間にようやく家へ戻れた時は、大急ぎで好物のおやつを準備するのだ。怪物のように大きくなったアリスにいきなり呼びかけられる前に、急いで食べてしまおう。おっと、そんなに慌てると手袋を落としてしまうよ！

† 調理時間・3分　† 加熱時間・3分

1) ハンプティ・ダンプティが近くにいないことを確認してから、卵をボウルに割り入れ、泡立て器でしっかり溶く。牛乳を加えてよく混ぜ、バニラシュガーを加えてさらに混ぜる。

2) 耐熱プリンカップ(またはココット皿)6個に流し入れ、ラップをかける。蒸気が抜けるよう端を少し開けておくこと。

3) 電子レンジ600Wで1分ほど加熱する。レンジを開けて中のようすを見て、固まるまで10秒ごとに加熱する。

4) 常温で、または冷やしてから食べよう。さあ、急いで、急いで。食べたら出発するよ。手袋は持ったかい？　急がないとクロッケー大会に遅刻してしまうよ！

ダイアゴン横丁のサンデー

『ハリー・ポッターとアズカバンの囚人』で、ハリーは後見人であるシリウス・ブラックの動物もどきを死神犬（グリム）と勘違いし、ダイアゴン横丁へ逃げこんだ。ホグワーツの新学期が始まるまで「濡れ鍋」で数日間を過ごしたハリー。その間、フローリアン・フォーテスキュー・アイスクリームパーラーにしょっちゅう出かけては、甘いサンデーを思う存分味わったのだという。

† 材料（4人分）

ストロベリーアイス（市販）
……100g
チョコレートアイス（市販）
……100g
ピーナッツバター……60g
ピーナッツダイス……大さじ1

† 調理時間・10分

1) 部屋の扉を閉めて、ダイアゴン横丁の喧騒をシャットアウトする。冷凍庫からストロベリーアイスとチョコレートアイスを取り出し、常温に数分置いておく。その間に、アイスクリーム用カップ4個と、フリーザーバッグ3枚を準備する。

2)「垂れよ」の呪文で、ストロベリーアイスをフリーザーバッグ1枚に入れる。チョコレートアイスも2枚目のフリーザーバッグに入れる。「切り裂け」の呪文で、アイスを入れた2つのフリーザーバッグの角をカットする（ハサミを使ってもよい）。これら2つを3枚目のフリーザーバッグに入れて、同じように角をカットする。つまり、一番外側のフリーザーバッグの角に2つの小さな穴が隣り合わせで開いているような状態にする。

3) アイスクリームカップの上で、2)のフリーザーバッグをゆっくりと押しながら渦巻き状に絞る。その上にピーナッツバターをたっぷりのせて、最後にピーナッツダイスを散らす。待ち合わせに遅れてきた友だちなど放っておいて、すぐに食べてしまおう。

ライラの冒険　黄金の羅針盤

ライラのパンナコッタ

† **材料**(4人分)

板ゼラチン……6g
乳脂肪分30%以上の生クリーム……400ml
グラニュー糖……120g
ミカン……8個
コーンスターチ……小さじ1
ホオズキ(またはミカンの実)……4個

ジョーダン学寮で暮らしていた頃のライラは、まだ自分の出自も、素粒子ダストの正体も、何も知らなかった。いたずら好きでおてんばなふつうの少女で、ダイモン(守護精霊)のパンタライモンと一緒に屋根の上によじ登って無邪気に遊んでいた。そして、お利口なふりをしてもらった大好物のデザートに舌鼓を打っていたのだ。

† 調理時間・15分　† 寝かせ時間・10分
† 加熱時間・15分　† 冷蔵時間・1時間

1) 板ゼラチンを冷水に10分ほど浸して戻す。

2) 生クリームとグラニュー糖80gを鍋に入れて中火にかける。1)のゼラチンの水気を切って加え、完全に溶けるまでかき混ぜながら加熱する。

3) カップ4つに注ぎ分けて1時間冷蔵庫に入れる。その間に授業をさぼって遊びに出掛けた痕跡を消しておこう。

4) ミカンの果汁を搾り、残りのグラニュー糖40gと一緒に鍋に入れる。中火にかけて5分ほど煮詰める。

5) コーンスターチに4)の果汁小さじ1を加えて溶かし、鍋に加える。とろりとしたシロップ状のソースになるまで5分ほど加熱する。

6) 3)のパンナコッタの上に 5)のミカンソースをたっぷりとかけて、ホオズキ(またはミカンの実)をのせて完成。カップから抜いて皿に盛りつけてもよい。素粒子ダストの特性について学者たちがこむずかしい話をしているうちに食べてしまおう。

現在のクリスマスの
幽霊のスノーボール

ああ、なんということでしょう！　せっかくのクリスマスだっていうのに雪が降らないなんて！　でも大丈夫。外出してもコートが白くならないこんな夜は、元気で明るい現在のクリスマスの幽霊が、このお菓子を降らせてホワイト・クリスマスにしてくれるはずですから。

† 材料(4人分)

卵白……卵4個分
塩……1つまみ
カスタードクリーム(市販または
自家製)……125g
粉糖……デコレーション用

† 調理時間・5分　　† 加熱時間・2分　　† 寝かせ時間・5分

1) 卵白と塩をボウルに入れ、ハンドミキサーで角が立つまでしっかりと泡立てる(9分立てくらい)。ためしに頭の上でボウルをひっくり返してみて、白い帽子を被ったようにならなければオーケー。

2) 電子レンジ対応の小椀に、縁から大きくはみ出るようにラップをかける。1)の泡立てた卵白の1/4を小椀に入れ、はみ出たラップでフタをして球体に整える。卵白が固まるまで電子レンジに30〜40秒入れる。同じ球体を4個作る。

3) 常温で冷まし、ナイフで半分にカットする。それぞれの内側を小さなスプーンでくり抜き、厚さ2cmほどの半球体に整える。内側に冷やしたカスタードクリームを詰めて、2つの半球体をくっつけて球体にする。粉糖を振ってすぐに食べよう。

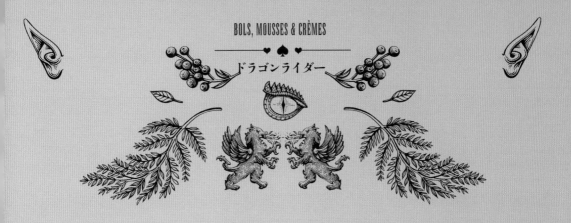

ヴァーデンのブルーベリースープ

† 材料（4人分）

コーンスターチ……大さじ2
ブルーベリー……300g
ハチミツ……大さじ4
プレーンビスケット……適量

もしきみが、アラゲイジアの北に広がる神秘の地、ドゥ・ウェルデンヴァーデンの森へ行くことがあれば、エルフの国の首都、エレズメーラへ足を伸ばしてほしい。運がよければ、エルフたちと一緒に食卓を囲むことができるかもしれない。古今のドラゴンライダーたちの大好物であるこのスープをぜひ味わおう。

† 調理時間・20分　† 加熱時間・10分　† 寝かせ時間・10〜20分

1) 新鮮な水をほんの少量だけ泉から汲み上げ、コーンスターチに加えて溶かす。

2) ブルーベリーを鍋に入れ、500mlの水、ハチミツを加える。加熱して5分ほど沸騰させる。火から下ろして1）のコーンスターチを加える。再び火にかけ、沸騰しはじめたらすぐに火から下ろす。

3) ビスケットを粗めに砕く。2）を常温で冷まし、ミキサーにかけてなめらかにする。

4) 常温で、または冷やして、砕いたビスケットをクルトン代わりに適量浮かべて召し上がれ。

ドラゴンライダー

エルフのヘーゼルナッツペースト

獰猛なアーガル族に対してヴァーデンが勝利をおさめると、エラゴンはアーリア
を追ってエルフの国の首都、エレズメーラへと旅立った。エレズメーラでエル
フたちと過ごすうちに、エラゴンは彼らの生活スタイルや習慣に慣れ親しむよう
になった。たとえばエルフは、動物を搾取して作られた食料を決して口にしな
い。だからバターの代わりにこのペーストを作るのだ。牛乳アレルギーの人間
や菜食主義者にもオススメだし、何よりもすこぶるおいしいのでぜひ試してみ
てほしい。

† 材料（1瓶分）
生ヘーゼルナッツ……200g
ハチミツ……大さじ2

† 調理時間・10分　† 加熱時間・5分

1) ヘーゼルナッツをフライパンに入れ、強火で数分間ローストする。あるいは友だちの
ドラゴンに火を吹いてもらって炙ってもよい。薄皮つきのものは清潔な布巾にくるみ、
両手でごしごしとこすって薄皮をむく。

2) 1)のヘーゼルナッツをフードプロセッサーに入れ、小刻みにパルスしながらなめらか
なペースト状にする。一気にかく拌すると水分が出てしまうので、少しずつようすを見
ながら回すこと。一旦スープ状になるともう元に戻せなくなるので気をつけよう。

3) 完全になめらかな状態にするか、あるいは、サフィラの鱗のようなざらつきをあえて
残すかはお好みで。最後にハチミツを加えて軽くかく拌してできあがり。パンやビス
ケットに塗ったり、アイスやプリンにのせたりして食べる。密閉容器に入れて荷物に
詰めこんだら、さあ、ドラゴンに乗って雲に向かって空高く飛びたとう！

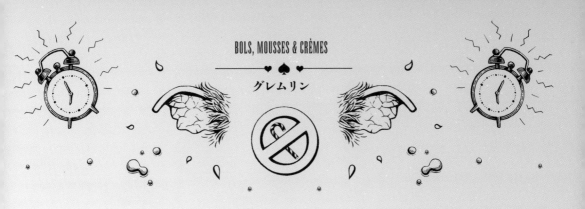

グレムリンのミューズリー

† 材料(4人分)

イチゴ……4個

バナナ……1本

キウイ……2個

プレーンヨーグルト……200g

オートミール……100g

M&M's(マーブルチョコレート)……小さじ4

ハチミツ……大さじ4

モグワイを飼うには3つのルールを守らなくてはならない。1つ、光を当てないこと。2つ、水をかけないこと。そしてもっとも重要な3つ目は、深夜0時以降に食料を与えないこと！ でないと、あのふわふわでかわいらしいモグワイが、恐ろしいグレムリンに変身してしまう。そうなったらもう誰にも止められない。やつらがクランプ・センターを占拠しようとした時は、足を踏み入れる先々で大混乱を引き起こした。アイスクリーム店で大暴れをした時など、店内はまるでこのおいしくて栄養たっぷりのミューズリーそっくりになったものだ。ヨーグルト、フルーツ、シリアルの上に、グレムリンお気に入りのトッピングであるM&M'sを散らしてぐしゃぐしゃに……さあ、これできみもニューヨークの征服者だ！

† 調理時間・10分

1)イチゴのヘタを取り、4等分にする。バナナとキウイの皮をむき、薄くスライスする。3種のフルーツをボウルに入れて混ぜる。

2)小ぶりの器を4つ準備し(透明のガラス製ボウルがオススメだ)、材料を層にして入れる。ヨーグルト→オートミール→フルーツ3種→ヨーグルト→オートミール→フルーツ3種→ヨーグルト、の順に重ねること。

3)M&M'sを粗めに砕き、2)の上に散らす。最後にハチミツを糸のように垂らして出来上がり。

トロルのクリームデザート

† 材料(4人分)

板ゼラチン……12g

ブルーベリー(冷凍または生)

……900g+少量(デコレーション用)

粉糖……大さじ2

ホイップ済みクリーム

……500ml

オレンジジュース……大さじ4

ビルボは、トーリンをはじめとするドワーフたちと一緒にはなれ山へ向かって旅をすることになった。ところがホビット庄を出て間もなく、トム、バート、ウィリアムという3人のトロルに捕まってしまった! やつらは美食家の怪物で、月明かりの下で料理をしていた時に、運よくおいしそうなデザートが姿を現したので大喜びしたのだ。

† 調理時間・15分　　† 加熱時間・2分　　† 冷蔵時間・1時間以上

1) 泉からコップ1杯分の澄んだ水を汲んできて、板ゼラチンを5分ほど浸して柔らかくする。

2) ブルーベリー900gから1つかみ分を取り分けておき、残りをミキサーかフードプロセッサーにかけてピューレ状にする。粉糖を加えてゴムべらで混ぜ、さらにホイップクリームを加えて混ぜ合わせる。

3) オレンジジュースを鍋に入れ、火にかけて温める。水気を切った1)のゼラチンを加えてかき混ぜながら溶かす。こん棒ではなく泡立て器を使うとよいだろう。2)に加えてよく混ぜ、取り分けておいた1つかみ分のブルーベリーを加えてさらに混ぜる。

4) 好きな形の型(深皿でもよい)に詰めて、冷たい川の中に1時間以上浸しておく(あるいは冷蔵庫に入れる)。

5) 食べる直前に型からはずし、デコレーション用ブルーベリーを散らす。夜明け前に食べてしまおう。

闇の魔王のゼリー

闇に覆われたこの世界を救うには、ユニコーンの角を取り返さなくてはならない！王女リリーは闇の魔王の城に単身乗りこんだ。ところが、豪華な衣装と金銀財宝に目が眩み、魔王に呪いをかけられてしまう。そしてとうとう魔王と祝宴をあげ、自らユニコーンを手にかける約束までしてしまった。はたしてリリーはこのまま悪の手に落ちてしまうのか？　それともこれはユニコーンを救うための作戦なのだろうか？

† 材料（4人分）

ダークチェリー……200g
板ゼラチン……12g
オレンジジュース……大さじ3
ザクロジュース……250ml
グレナデンシロップ……大さじ1
グラニュー糖……50g

† 調理時間・20分　† 寝かせ時間・10分

† 加熱時間・5分　† 冷蔵時間・2時間以上＋1晩

1）まず、王女の絶望の涙でダークチェリーをよく洗え。半分にカットして種を取り出すのだ。

2）小鬼のブリックスに命じて、板ゼラチンを冷水に10分ほど浸して戻せ。オレンジジュースを鍋に入れ、おまえが生まれた時からずっと燃えつづけている小さな火にかけ、水気を切ったゼラチンを加えてよく溶かすのだ。ザクロジュース、グレナデンシロップ、グラニュー糖を加え、命あるすべての者が苦痛にうめくまでかき混ぜつづけよ。

3）おまえの魂と同じ形をしたシリコン製の大きなゼリー型に、2）の液体を高さ2cmまで注げ。その上に1）のダークチェリーを散りばめよ。太陽の光、喜び、あらゆる幸せを取り戻そうとするおまえの希望が完全に失われるまで、冷蔵庫に2時間以上入れておくのだ。

4）残りの2）の液体をすべて型に流し、さらに冷蔵庫に1晩入れよ。その間に、生き残った最後のユニコーンの息の根を止めるか、妖精たちを卑怯で残酷な手で叩きのめすかするのだぞ。

♥ ♠ ♥

リーグ・オブ・レジェンド　時空を超えた戦い

アラン・クォーターメインの
不死の秘訣

まったく、おちおち朝食も取っていられないな! だが、どんな陰謀に巻きこまれようとも、銃弾が次々と飛んでこようとも、一日分のエネルギーはきちんと取っておかなければならない。確かに、かつてアフリカの呪術師は「アフリカは決してアランを死なせない」と言ってくれた。だが、おれがどれほど無謀な真似をしても死なずにいられるのは、呪術のおかげというより、あのアフリカの果実にたっぷり含まれるビタミンのおかげなのだ。だからこそ、ソロモン王のダイアモンド鉱山を見つけた時と同様、この史上最悪の陰謀に立ち向かうためにも、たくさんの果実が必要なのだ。

† 材料(8人分)

オレンジ……1個
レモン……1個
パイナップル……1個
マンゴー……1個
グアバ……1個
バナナ……2本
パッションフルーツ……3個
バニラビーンズ……1本

† 調理時間・15分

1) オレンジとレモンの果汁を搾ってボウルに入れる。バニラビーンズのさやをナイフで縦に割って中の種をこそぎ取り、ボウルに加える。

2) よく研いだ刀やナタを使って、パイナップルの上下を切り落とし、縦4等分にする。芯と皮をむき、実をダイス状にカットする。

3) マンゴーの皮をむき、3枚下ろしの要領で中心の細長い種を取り出す。グアバを半分にカットし、ワタと種をスプーンで取りのぞいて皮をむく。どちらも実をダイス状にカットする。バナナの皮をむいて実を輪切りにする。パッションフルーツを2分割し、中の種と果汁をすくって取っておく。

4) クープグラスに1)の果汁を入れ、2)と3)のフルーツをのせて、上からパッションフルーツの種と果汁をかける。サバンナに沈む夕日を眺めつつ、ライオンの遠吠えを聴きながら味わおう。

フェアリー・ゴッドマザーの
ライスプティング

†**材料(6人分)**

コメ……200g
牛乳……1000ml
バニラシュガー……60g
ドライエディブルフラワー
……50g

フェアリー・ゴッドマザーが、愛する息子、チャーミング王子のためにしょっちゅう作っている魔法のデザート。フィオナ姫はシュレック一筋で、王子のことなどまるで見向きもしない。怒りと悲しみをあらわにする王子を慰めるには、これを食べさせるのが一番なのだ。

†**調理時間・5分** †**加熱時間・40分** †**冷蔵時間・1時間**

1) コメをよく洗って、水をはった鍋に入れて火にかけ、2分ほど沸騰させなさい。ザルに上げてよく水を切っておくのよ。

2) 牛乳とバニラシュガーを別の鍋に入れて火にかけ、沸騰したら1)のコメを加えて弱火で30分ほど加熱しなさい。魔法の杖で時々かき混ぜるのよ(おや、持ってないのかい？　しかたがないわね、それなら木べらを使ってもいいわ)。

3) 鍋を火から下ろし、魔法をかけてただちに冷ましなさい。え、時間はたっぷりあるから急ぐ必要はないって？　それなら常温に置いてふつうに冷ましてもいいわ。ドライエディブルフラワーを加えてさっくりと混ぜなさい。

4) お花や蝶の形をしたシリコンモールドに詰めて(ないならふつうのプリンカップでもいいわ)、冷蔵庫に1時間入れなさい。さあ、その間にみんなのところへ行って自慢の歌声を披露してくるわね。冷えたらカップから抜いて、お皿に盛りつけて出来上がりよ。

ライラの冒険　黄金の羅針盤

スバールバルの
よろいグマたちのオムレツ

† 材料(6人分)

バニラアイスクリーム
……1000ml
卵……4個
塩……1つまみ
グラニュー糖……120g
薄力粉……120g
ブルーベリージャム
……大さじ6

メレンゲ用
卵白……卵2個分
グラニュー糖……150g

失踪した親友のロジャーを探しに出かけたライラは、旅の途中でパンサービョルネ（よろいグマ族）のイオレク・バーニソンと知り合った。ライラのおかげで奴隷生活から抜けだせたイオレクは、失踪した子どもたちをライラたちと一緒に救いに行くことにした。そしてその道中、策略にはまって追放された故郷のスバールバルに立ち寄って、見事クマの王の座に返り咲いたのだ。クマの好物といえば、卵と野生のブルーベリー。この半球形の甘くて冷たいノルウェー風オムレツも、もちろんイオレクの大好物だ。

† 調理時間・30分　† 冷凍時間・1晩＋10分
† 加熱時間・10分　† 寝かせ時間・30分

1) 半球形のモールド6個(耐冷ココット皿でも可)にラップを敷き、バニラアイスクリームを詰める。鋭い鉤爪を使って表面を平らにならし、冷凍庫に1晩入れる。ただしオーロラが見える夜は避けて作業すること。

2) オーブンを180℃に熱しておく。卵4個を卵黄と卵白に分ける。卵白に塩を加え、グラニュー糖を少しずつ加えながらハンドミキサーでかく拌し、角が立つまで固めに泡立てる。卵黄を加え、最後に薄力粉を粉雪のように降らせながら加える。

3) オーブンシートを敷いた天板に2)の生地を流し入れ、均等にならす。淡い黄金色になるまで10分ほどオーブンに入れる。焼き上がったら皿の上にひっくり返し、オーブンシートをはずして冷ます。

4) 鉤爪を使って(抜き型やコップを使ってもよい)、3)の生地を1)のモールドと同じ直径に丸くくり抜く。ブルーベリージャムを少量のぬるま湯で伸ばし、クマの毛皮のようにあたたかいソースを作る。

5) メレンゲを作る。卵白にグラニュー糖を加えて混ぜる。スバールバルの氷に映る星の光のような光沢が出るまでしっかりと泡立てる。

6) 4)の丸くくり抜いた生地に、刷毛でブルーベリーソースを染みこませる。その上に1)の半球形アイスクリームをのせ、メレンゲを絞って全体を覆う。冷凍庫に10分入れたら出来上がり。

第4章

魔法使いの
特別な日の
デ ザ ー ト

帽子屋のシャルロット

シャルロットといえば、もちろん帽子屋の得意スイーツさ。だって、シャルロット帽を真似て作ったのがこのお菓子なんだから。すごくおいしいけど、くれぐれもご用心! 三月ウサギとネムリネズミと一緒にこれを食べたら、きみもへんてこりんになってしまうかもしれないからね。

† 調理時間・30分　† 冷蔵時間・5時間

1) イチゴをデコレーション用にひとつかみ分取り分けておいて、残りを大きめにカットする。桃の皮をむいてダイス状にカットする。

2) フィリングを作る。ホイップクリームとブルーベリージャムをボウルに入れ、1) のカットしたイチゴと桃を加えて軽く混ぜる。

3) 帽子屋のディスプレイ棚からシャルロット帽を取ってきて、内側にラップを敷く。シャルロット帽がなければシャルロット型を使う。ラップは外側に大きくはみ出すように敷くこと。

4) シュガーシロップをバットに入れ、ビスキュイを軽く濡らす程度に浸す。内側まで染みこませないこと。3) の帽子(型)に敷きつめる。まずは側面に縦に並べてから、底面に2段に敷くこと。2) のフィリングを半量入れ、さらにビスキュイを1段敷き、残りのフィリングを入れ、最後にビスキュイを1段敷く。

5) はみ出たラップで上面を包みこむ。上面に皿をのせ、さらにその上に重しをのせる(たくさんあるティーポットのうちで一番重たいのを選んでのせよう)。冷蔵庫に5時間入れる。

6) 皿の上にそっとひっくり返し、ラップをはがす。1) で取り分けておいたイチゴを飾って完成。

† **材料**(6〜8人分)
イチゴ……500g
桃(川中島白桃、あかつきなど固めの品種)……2個
ホイップ済みクリーム……200ml
ブルーベリージャム……大さじ3
シュガーシロップ……250ml
ビスキュイ・ローズ(市販または自家製)……36個

GROS GÂTEAUX

ファンタスティック・ビースト

クイニーのシュトゥルーデル

え？ 急にお客さまがいらっしゃることになったんですって？ 大丈夫、慌てないで。その美貌と同じくらい素晴らしい料理の腕前を持つクイニーにかかれば、あっという間にごちそうを準備してくれるはず。誰もが魅了されるチャーミングな笑顔で、魔法の杖を一振りすれば、ほら出来上がり！ おいしそうな匂いがするこのお菓子の魅力に、食卓についた全員がノックアウトされてしまうでしょう。

†材料（6人分）

レモン……1個

リンゴ……4個

レーズン……50g

ヘーゼルナッツパウダー

……50g

ブラウンシュガー……30g

シナモンパウダー

……小さじ1/2

バター……30g

冷凍パートフィロ（なければ冷凍パイシート）……1枚

卵黄

……卵1個分（ドリュール用）

粉糖

……少量（デコレーション用）

†調理時間・30分　　†加熱時間・35分　　†寝かせ時間・30分

1) オーブンを220℃に熱しておく。

2) レモンの果汁を搾る。リンゴの皮をむき、芯を取り除いて、小さくカットしてボウルに入れる。変色しないようレモン果汁をかける。レーズン、ヘーゼルナッツパウダー、ブラウンシュガー、シナモンパウダー、小さくカットしたバターを加えて、鼻歌を唄いながらかき混ぜる。

3) 近くに魔法生物がいないことを確かめてから、水に軽く濡らして固く絞った清潔な布巾を作業台に広げる。その上に解凍したパートフィロをそっと広げる。破いたり穴を開けたりしないよう気をつけること。2)のフィリングをのせ、布巾を持ち上げながらパートフィロを丸めてフィリングを包みこむ。

4) コワルスキーのおばあちゃんが自分のパン屋でやっていたように、布巾ごと生地を持ち上げて天板にのせる。布巾をそっと取りのぞく。

5) 卵黄を溶いてドリュールを作る。生地の表面に刷毛でドリュールを塗り、黄金色に焼き上がるまでオーブンに35分ほど入れる。

6) 常温で冷まして、食べる直前に粉糖を振る。そっとトランクの中に入れて大事に持ち歩こう。さあ、素晴らしい香りにうっとりしながらたっぷりと召し上がれ。

ニーベルングの指環

「霧の子」を意味するニーベルング族は、地底に住む小人の一族だ。山麓の地下に大量の財宝を隠し持っている。とりわけ珍重されているのが、「すべてを支配する力」を得られるというこの指輪だ。だが、これには恐ろしい呪いがかけられていた……。その後、ヴォータン（神の長）と人間との間に生まれた兄妹ジークムントとジークリンデの子供、ジークフリートが、伝説の剣「ノートゥング」の破片から鍛えた剣を手に、竜に化身した巨人族のファフナーを倒してこの指輪を手に入れる。

†材料（8人分）

シュー生地用

塩……2g

グラニュー糖……2g

バター……60g

薄力粉……80g

ココアパウダー……5g

溶き卵……125g（卵約3個分）

フィリング用

アーモンドスライス……100g

ブラックチョコレート……50g

ダークチェリー（缶詰）

……400g

ホイップ済みクリーム

……500ml

粉糖

……適量（デコレーション用）

†調理時間・30分　†加熱時間・45～50分　†寝かせ時間・30分

1) 薄暗い洞穴の中で、かまどの火を180℃に熱する。

2) まず、シュー生地を作る。125mlの水、塩、グラニュー糖、バターを鍋に入れ、沸騰するまで強火で加熱する。分厚い革手袋で手を保護しながら鍋を火から下ろし、ふるいにかけた薄力粉とココアパウダー をどさっと一度に加える。再び鍋を火にかけ、弱火でかき混ぜながら水分を飛ばし、生地の底に薄い膜が張るまで2分ほど加熱する。再び火から下ろし、10分ほどかき混ぜつづける。

3) かき混ぜながら溶き卵を少しずつ加える。キラキラときらめくライン川の水面のように、生地がつやつやになるまでかき混ぜる。

4) 直径8mmの丸口金 をつけた絞り袋に3) の生地を入れ、オーブンシートを敷いた天板の上に直径30cmのリング状に絞る。かまどに入れて35～40分焼く。決して途中で扉を開けないこと。焼き上がったら常温の洞穴で冷ます。

5) アーモンドスライスをフライパンに入れ、火にかけてローストする。フィリングを作る。細かく刻んだブラックチョコレート、汁気を切ったダークチェリー、ホイップクリームをボウルに入れ、さっくりと混ぜ合わせる。よく研いだ刀で、4) の生地を横に2分割する。下側の生地の上にフィリングをたっぷりとのせ、上側の生地でふたをする。表面にローストしたアーモンドスライスを散らし、茶こしで粉糖を振る。暗い森の木々の下で食べよう。

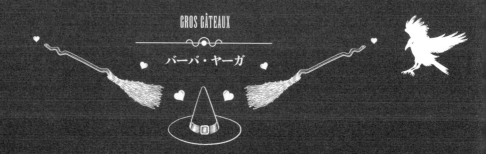

ウラル山脈の魔女たちのケーキ

ああ、そうだよ、あたしは泣く子も黙る恐ろしい魔女さ。子どもたちを脅したり、親たちにひどい魔法をかけたりしてるんだ。それから、空中を飛びまわったり、動物を好き勝手に操ったり、天気を思いのままに変えたり、死者の王国を守るために奮闘したり、小屋の中をほうきで掃いたりもしてる。でも、おまえたちは知らないだろう？　あたしが本当に一番好きなのは、娘たちのためにこのケーキを作ってやることなんだよ。

† 材料（6～8人分）

フルーツコンフィ（ドレンチェリー、アンゼリカ、オレンジピールなど）……150g
バニラビーンズ……2本
バター……250g
グラニュー糖……250g
フロマージュブラン……1000g
卵黄……卵4個分
アーモンドダイス……120g
塩……1つまみ

† 調理時間・15分　† 冷蔵時間・1晩

注：これは、腕っぷしの強い魔法使いや魔女たちの間でずっと受け継がれてきた秘伝のレシピだ。火を使わないので、娘たちにかまどに押しこまれたりせずに済むからね！

1) フルーツコンフィをデコレーション用に少量取り分けておき、残りを細かくカットする（切るのはフルーツだけだよ、指は切るんじゃないよ！）。バニラビーンズのさやを、おまえの愛用のナイフで縦に割いて中の種をこそぎ取り、小屋の中の涼しい場所に置いておく。

2) 常温で柔らかくしたバターとグラニュー糖をボウルに入れ、しっかりと混ぜ合わせる。フロマージュブランを加えて混ぜ、卵黄、1)のカットしたフルーツコンフィ、アーモンドダイス、1)のバニラビーンズの種、塩を加えてさらに混ぜる。ああそうさ、ねばねばして重たいだろう？　だから、腕っぷしが強い魔法使い向けのレシピだって言ってるんだよ。

3) シリコンモールドに2)の生地を流し入れて、ぎゅうぎゅうに押しこむ。ああ、そうだね、ハート形、花形、ドラゴン形など、お前が好きな形のモールドを使えばいいさ。上に皿をのせ、さらに鉄の塊や瓶などの重しをして、冷蔵庫に1晩入れておく。食いしん坊の子どもがこっそりつまみ食いしないよう、罠を作っておくんだね。捕まえたら焼いて食っちまえばいいさ。

4) 次の日にモールドをそっとはずして、取り分けておいたフルーツコンフィを散らして出来上がりさ。さあ、たんとお上がり！

王妃ダユーのファー・ブルトン

フランスのブルターニュ地方では、魔法使いマーリンがいたのと同じ頃に、ダユーという王妃がいた。王妃ダユーは海沿いの都市、イスの支配者だった。海面より低いところにあったイスの周りには高い堤防が築かれ、町はみるみる発展した。ところがある時、ダユーは悪魔の罠にかかって水門の鍵を盗まれ、イスは海に沈んでしまう。悲嘆に暮れたダユーは魔女セイレンに姿を変え、今もドゥアルヌネ湾で海底のイスを見守りつづけているという。ブルターニュの郷土菓子、ファー・ブルトンを味わいながら。

† **材料**(6〜8人分)

牛乳……1000ml

卵……6個

グラニュー糖……250g

薄力粉……250g

ドライプルーン(種ぬき)
……200g

有塩バター……1かけ

† **調理時間・10分**　† **加熱時間・1時間35分**

1) オーブンを150℃に熱しておく。

2) 牛乳を鍋に入れ、弱火にかけて温める。王妃ダユーを悲しませないよう、決して吹きこぼれさせないこと。

3) 卵とグラニュー糖を大きめのボウルに入れて泡立て器でかく拌し、少しずつ薄力粉を加えながら、均一でなめらかな生地になるまでしっかり混ぜる。よくかき混ぜながら2)の牛乳を加える。ダマにならないように気をつけること。

4) ケーキ型や耐熱皿に3)の生地を流し入れ、ドライプルーンをランダムに散らす。1かけのバターを上にのせ、オーブンに1時間30分入れる。

5) 型からはずして、常温で、または冷やしていただこう。ブルターニュ名物、リンゴのジュースを合わせると一層おいしいはずだ。

セリ夫人のタルト

カーメロット城において、タルト作りは常に真剣勝負だ。城内では、グィネヴィアの母親、つまりアーサー王の義母に当たるセリ夫人のお菓子作りの腕前について、よくない噂が飛び交っていた。そんな状況にうんざりしたセリ夫人、どうやら今回はマーリンに一肌脱いでもらうつもりらしい。実は、やつは魔法使いとしての腕前は今ひとつだが、菓子職人としてはそれほど悪くないのだ。

† 材料(6〜8人分)

イチゴ……500g
グーズベリー(なければレッドカラント)……250g
バニラシュガー……150g
レモン果汁……少量
パート・ブリゼ(練りパイ生地)
(市販または自家製)
……1台分
卵……2個
生クリーム……200g

† 調理時間・20分　† 加熱時間・35分　† 冷蔵時間・1時間

ダーリンへ、

城の近況を知らせてほしいと言っていたね。では、最近城内でとても評判がよかったタルトの作り方を教えてあげよう。

まず、信頼する召使いに頼んで、イチゴとグーズベリーを森から摘んできてもらいなさい。洗って、軸を取って、縦に2分割するんだ。ああ、2分割するのは召使いじゃないよ、フルーツのことだからね。

ボウルに入れて(くどいようだが、フルーツのことだからね)、半量のバニラシュガーとレモン果汁を加えてよくなじませる。その間に、新作ゲーム「シロップ」の遊び方についてカラドックのレクチャーを聞いておくといいだろう。

パート・ブリゼをタルト型(盾を使ってもよい)に敷きこんで、表面を短剣やフォークの先端でピケする。オーブンを220℃に熱しておく。

卵、バニラシュガーの残り半量、生クリームを別のボウルに入れてよく混ぜ、生地の上に注ぐ。オーブンに35分入れる。

焼いた生地を常温で冷まし、バニラシュガーとレモン果汁をなじませたベリー類をのせる。香りがよくなるので果汁も一滴残さずに使うといいよ。

1時間以上冷やす。すでにおいしそうな匂いが館中に漂っているはずだ。これで無関心なふりをできる者がいたら教えてほしいものだね。

きみを愛するボールス卿より

帰らずの谷のミルクレープ

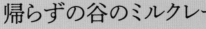

魔女のモーガン・ル・フェイは、恋人を裏切った男たちをブロセリアンドの森の「帰らずの谷」に魔術を使って閉じこめた。男たちは出口を求めて1000回以上右往左往したが、どうしても谷から出られなかった。しかたがないので1000枚のクレープを焼いて食べていたという……。それから1世紀後、魔術を破って男たちを救ったのは、ヴィヴィアンに育てられた湖の騎士ランスロットだった。解放された者たちは総勢253人に上ったと言われている。

† 材料(6人分)

薄力粉……125g
卵……3個
牛乳……350ml
サラダ油……大さじ1
リンゴジャム(市販または自家製)……300g
グラニュー糖……50g
レモン果汁……少量
有塩バター……3かけ

† 調理時間・40分　† 寝かせ時間・30分　† 加熱時間・1時間

1) オーブンを180℃に熱しておく。

2) クレープを作る。薄力粉をふるいにかけてボウルに入れる。中央に窪みを作り、卵を割り入れて混ぜる。牛乳とサラダ油を少しずつ注いでかき混ぜる。ダマにならないよう気をつけること。そのまま30分ほど寝かせる。直径18cmのフライパンを火にかけ、レードルで生地を流し入れ、両面を2〜4分ずつ焼く。生地がなくなるまで同じ作業を繰り返す。

3) フライパンと同じ直径のケーキ型に、焼いたクレープを1枚入れる。リンゴジャムを薄く塗り、2枚目のクレープをかぶせる。クレープがなくなるまで同じ作業を繰り返す。

4) 3)の上に有塩バター2かけをのせ、オーブンに20分入れる。焼きあがる少し前に、大さじ1杯の水、グラニュー糖、レモン果汁を鍋に入れて火にかけ、揺らしたりかき混ぜたりせずに沸騰させる。全体が黄金色になったら、残りのバター1かけを加えて、鍋を火から下ろす。そっとかき混ぜてバターを全体に行き渡らせ、焼きあがったミルクレープの上から垂らす。熱々でも、常温でも、冷やしてでも、お好きなように召し上がれ!

クラランのパヴロヴァ

むかしあるところにクラランという名の少女がいました。それはそれは踊るのが大好きな子で、世界一のバレリーナになるのが夢でした。そしてクララは見事その夢を叶えました。このデザートは、クラランの繊細な美しさ、軽快な身のこなしをイメージして、エトワールとしての彼女の栄光を不朽のものにするために考案されたのです。

† 調理時間・40分　† 加熱時間・1時間　† 寝かせ時間・1時間

第1幕

　舞台裏でダンサーがウォーミングアップしている間、オーブンもウォーミングアップさせる（150℃に熱する）。

　メレンゲを作る。卵白に塩を加え、プリマバレリーナの純白のチュチュと同じ色になるように固く泡立てる。

　粉糖とグラニュー糖を合わせて、卵白に少しずつ加えながら泡立てる。泡立て器を持ち上げた時に角が立つまでかく拌して、軽くてつやつやして張りのあるメレンゲにする（ハンドミキサーを使うと早くできる）。

　天板の上にオーブンシートをそっと横たわらせる。

　直径8mmの丸口金をつけた絞り袋（またはフリーザーバッグの角をカットして使ってもよい）にメレンゲを入れ、天板の上に渦巻き状に絞って直径20cmの円形にする。一番外側の上にもう1周絞って縁を作り、器状にする。

　オーブンに1幕分（1時間）入れる。常温で冷まし、シートからはずす。

第2幕

　幕間の後、鍋に水を入れて強火にかける。大きな泡が踊りだしてくるくる回ったら、桃を1分ほど浸す。桃の皮をむいて種を取りだし、5mmほどの厚さにスライスする。

　イチジクを洗い、グラニュー糖とレモン果汁と一緒に皮ごとフードプロセッサーにかける。こし器にかけて、なめらかなイチジクソースを作る。

第3幕

　第1幕で作ったメレンゲの器に、ホイップクリームを詰める。スライスした桃を等間隔に放射状に並べ、その上にイチジクソースを垂らす。最後にローストヘーゼルナッツダイスをぱらぱらっと散らして完成。

† 材料（6〜8人分）

メレンゲ用
卵白……100g（卵2〜3個分）
塩……1つまみ
粉糖……100g
グラニュー糖……100g

フィリング用
桃（川中島白桃、あかつきなど
固めの品種）……500g
イチジク……250g
グラニュー糖……40g
レモン果汁……大さじ1
ホイップ済みクリーム
……200ml
ローストヘーゼルナッツダイス
……100g

GROS GÂTEAUX

ダンジョンズ&ドラゴンズ

アラクノマンサーの罠

† 材料（6〜8人分）

レーズン……20粒

アーモンドスライス……50枚

パウンドケーキ（市販または自
家製）……1台（6人分）

好みのフルーツ缶（桃、ミカン、パ
イナップルなど）……1缶

好みの色のゼリーの素
……1袋

ミルクチョコレート……100g

プルーン……1個

ヒモ状リコリス菓子……1巻き

ホイップ済みクリーム
……大さじ2

洞窟、トンネル、隠し通路など、地下世界（アンダーダーク）を探検するのは
興味深いものだ。地下では奇妙な生物によく出会う。凶暴なジャイアント、悪
臭のする魚人、膿疱だらけのオーク、青白いダークエルフ、そしてマルチクラ
スした蜘蛛使いのアラクノマンサー……。やつはさまざまな手段で敵に襲いか
かる。非常に恐ろしい相手だ。だが今は嫌がることなく、やつが操る蜘蛛の
巣にあえてからめとられてはどうだろう。そして、思う存分味わいつくすのだ。

† 調理時間・30分　† 冷蔵時間・2時間　† 加熱時間・5分

1) まず、蜘蛛のおとりであるハエから作る。レーズンを胴体、アーモンドスライスを羽と
する。ナイフの先端でレーズンの両サイドに切りこみを入れ、アーモンドスライスを挟
む。たとえアーモンドが割れても心配無用。まだ予備はたっぷりあるはずだ。全部で
20体作る。

2) パウンドケーキをスライスし、クリスタル製の大ぶりの杯（なければガラス製サラダボ
ウルでもよい）の底面に敷きつめる。隙間を空けないようぎっしりと詰めこむこと。詰
めながら、ボウルの側面とケーキの間に1)のハエの半数ほどをランダムに挟みこむ。

3) フルーツを缶から出して汁気を切り、必要に応じて小さくカットして2)のケーキの上
にのせる。ゼリーの素を使い、商品の説明書通りにゼリー液を作って上から注ぐ。フ
ルーツが液の中でゆらゆら泳ぐのを眺めて楽しもう。冷蔵庫に1時間入れて固める。

4) 待っている間にいくつか謎解きを済ませておこう。謎が解けたら、チョコレートを小さ
くカットしてボウルに入れ、湯煎で溶かす。3)のゼリーの上に溶かしたチョコレート
を流す。均等にならし、再び冷蔵庫に1時間入れて固める。

5) オーブンシートを円錐形に丸めてコルネを作る。ホイップクリームをコルネに詰めて、
4)のチョコレートの上に蜘蛛の巣を描く。プルーンとリコリス菓子で蜘蛛を作る。プ
ルーンを胴体とし、リコリス菓子をカットして8本の脚を作ること。2)の残りのハエを
蜘蛛の巣の上に置く。秘術呪文を唱えて完成。

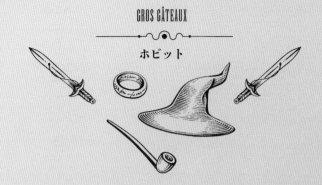

ガンダルフのケーキ

皆の衆、イスタリのアドバイスにはきちんと耳を傾けるのだ！ ドワーフ一族の王国を取り戻しに行く旅支度が一段落したら、まずは腹ごしらえといこう。腹が減っては戦はできないと言うだろう？ わたしの尊敬すべき友人、ビルボの家に集まろうじゃないか。あいつは勇敢なホビットだから、場合によっては邪竜の住処にたったひとりで忍びこみ、財宝を盗みだすことだってやってのけるだろうよ。

† **材料**（6人分）

薄力粉……350g
ベーキングパウダー……15g
バター……250g
グラニュー糖……125g
塩……1つまみ
ナツメグパウダー……1つまみ
アニスシード……30g
卵……2個

† **調理時間・10分**　† **加熱時間・50分**

1) ホビット庄の地平線に日が沈みかかる頃、オーブンを180℃に熱しておく。

2) 薄力粉をふるいにかけてボウルに入れ、ベーキングパウダー、小さくカットしたバターを加えて手で混ぜ合わせ、従兄のオソの妻、ロベリア・サックヴィル＝バギンズの心のようにざらざらした砂状にする。続けて、グラニュー糖、塩、ナツメグパウダー、アニスシードを加えてさっくりと混ぜる。

3) 別のボウルで卵を溶き、2) のボウルに加えて均一になるまで混ぜる。出来上がった生地を好きな形のケーキ型に入れて、オーブンに50分入れる。表面が膨らんでキレイな黄金色になり、剣先を突き刺してみて刃が濡れなければ完成だ。

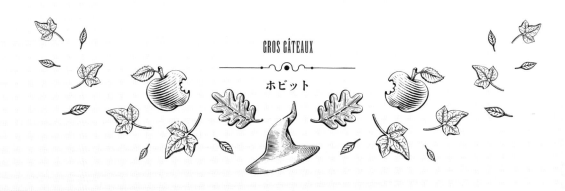

ビルボのタルト

ビルボが作るタルトは天下一品だ。その噂は、従妹のプリムラ・ブランディバックを通してトゥック郷まで届いている。ガンダルフや13人のドワーフたちと一緒に味わえば、あまりのおいしさに気分が舞い上がって、袋小路屋敷の中にうっかりハンカチを忘れて出かけてしまうかもしれない。

† **調理時間・20分**　† **冷蔵時間・30分**

† **加熱時間・45分**　† **寝かせ時間・20分**

1) オーブンを180℃に熱しておく。

2) タルト生地を作る。ふるいにかけた薄力粉と小さくカットしたバターを手で混ぜ合わせ、粗めの砂状にする。中央に窪みを作り、卵、塩、大さじ2杯の水を加えて混ぜ、なめらかで均一な生地にする。ボール状にまとめ、清潔な布巾(ラップでも可)で包んで冷蔵庫に30分入れる。その間に、トゥック家のわんぱく坊主たちがどんないたずらをしでかしたか見に行ってみよう。

3) 生地を麺棒で伸ばしてタルト型に敷きこみ、表面をフォークの先端でピケする。オーブンシートを敷いてタルトストーン(なければ小豆を使う)をのせ、オーブンで35分空焼きする。

4) フィリングを作る。リンゴの皮をむき、数枚を薄くスライスして取っておき、残りをダイス状にカットする。レモンの果汁を搾って、変色を防ぐために全体になじませる。ダイス状にしたリンゴをレモン果汁と一緒に鍋に入れ、グラニュー糖、バターを加えて弱火にかけ、フタをして15分ほど煮てコンポートにする。

5) 3)の生地からタルトストーンとオーブンシートを取り除き、4)のリンゴのコンポートをのせる。リンゴのスライスをその上に好きなように並べ、バニラシュガーを振る。オーブンに10分入れる。

6) 粗熱が取れたら、ラズベリージャムをたっぷり添えて食べよう。

† **材料**(6人分)

生地用

薄力粉……250g

バター……120g

卵……1個

塩……小さじ1/2

フィリング用

リンゴ……1500g

レモン……1個

グラニュー糖……250g

バター……20g

バニラシュガー……大さじ1

ラズベリージャム……適量

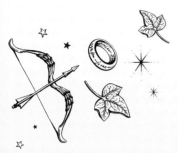

ビルボのバースデーケーキ

† 材料（12人分またはホビット4人分）

生地用
卵……6個
グラニュー糖……150g
レモン……1個
薄力粉……100g
アーモンドパウダー……大さじ2

フィリング用
イチゴ……1000g
ホイップ済みクリーム……50g
グラニュー糖……大さじ4

アイシング用
メレンゲパウダー……27g
グラニュー糖……400g
ハチミツ……60ml

デコレーション用
好みのエディブルフラワー
……適量

今日はビルボの111歳の誕生日。豪華なバースデーパーティーが催され、たくさんの人たちが駆けつけた。ガンダルフの花火、歌とダンスと音楽……さあ、いよいよ主役のスピーチの始まりだ。ところがなんと、ビルボが突然姿を消してしまった！　はるか昔、遠いところへ旅をした時に手に入れた指輪をはめたせいだ。ああ、そうさ、こいつはそんじょそこらの指輪じゃない。あの冥王サウロンの「一つの指輪」だ。結局、ビルボはこの指輪をガンダルフに預けて旅立った。そしてこの指輪を巡って、ホビットたちの冒険がまた始まったのだ。

† 加熱時間・45分　† 寝かせ時間・1時間

1) さあ、キッチンに入って、111歳の誕生日のためのスペシャルなケーキを作ろう。オーブンを180℃に熱しておく。卵を卵黄と卵白に分けて、レモンの果皮をすりおろす。卵黄、グラニュー糖、レモンの果皮をボウルに入れて混ぜ、ゴムべらで持ち上げるとリボン状に垂れるまでかく拌する。薄力粉とアーモンドパウダーを加える。外ではみんなが一生懸命テーブルセッティングをしてくれているようだ。その間に、卵白を角が立つまで固く泡立てて、先ほどのボウルに加えて混ぜておこう。

2) 1)の生地を2等分し、大きさが異なる大小2つの丸ケーキ型に入れ、オーブンに35分ほど入れる。窓辺に金網を置いて、焼いた生地をその上にのせて冷ます。その間にフィリングを作ってしまおう。イチゴを小さなダイス状にカットしてボウルに入れ、ホイップクリームとグラニュー糖を加えて混ぜる。

3) 生地が冷めたら、大小2つとも横に2分割し、間にフィリングをたっぷり挟む。大きな生地の上に小さな生地を重ねる。

4) さて、ここからはとくに慎重を要する作業になる。しっかり集中してやるように。メレンゲパウダーに120mlの冷水を加え、泡立て器で4分ほどかく拌してメレンゲを作る。120mlの水、グラニュー糖、ハチミツを鍋に入れて火にかけ、沸騰させてシロップを作る。火から下ろして粗熱が取れたら、泡立て器でかき混ぜながら、糸状に垂らして少しずつメレンゲに加える。ブランディバックおじさんの懐中時計を見ながらきっかり4分かく拌しよう。こうしてつややかでなめらかなアイシングができたら、3)の上から注ぎかける。ゴムべらで均等に伸ばし、常温で乾かす。その間に、一番上等な晴れ着に着替えておく。

5) 食べる直前にエディブルフラワーを散らし、キャンドルを立てる。さあ、世にも不思議な冒険物語を聞きながら食べよう。

小鬼特製の甘いオムレツ

†材料（4人分）

アンゼリカ……50g
卵……6個
生クリーム……大さじ1
バニラシュガー……大さじ3
バター……40g

小鬼のブリックスたちがオスのユニコーンの角を奪いとると、あたりは雪と寒さと悲しみに包まれた。しめしめ、これでこの世界はおれたちのものだ。あちこちの農家に侵入して、たっぷりと食料を奪い取ってやろう。甘くておいしいオムレツを作り上げて、石化された住民たちの鼻先でむさぼり食ってやるのだ。

†調理時間・5分　†加熱時間・7分

1) オスのユニコーンが魔の手に倒れ、世界が絶望と破滅に覆われたら、アンゼリカを小さくカットする。卵をボウルに入れて溶く。泡立て器でかき混ぜながら、生クリーム、バニラシュガー、カットしたアンゼリカを加える。

2) ユニコーンの角を魔法の杖のように振って暖炉の薪に火をつけ、大きなフライパンにバターを入れて溶かす。1）のボウルの中身をフライパンに流して5分ほど加熱する。その間に勝利のダンスを踊ろう。

3) 永遠に燃えつづける炎からフライパンを取り出し、オムレツを半分に折りたたんで耐熱皿にのせる。グリルモードにしたオーブンに2分ほど入れ、表面にこんがりと焼き色をつける。

4) 自らがもたらした惨状をうっとりと眺めながらいただこう。食べ終わったら闇の魔王のところへ戻り、恐ろしい計画をまっとうする手助けをするのだ。

魔女たちのタルト

偉大なるシェイクスピアはこのお菓子が大好物で、自らの戯曲の舞台公演後には、必ず役者たちにも差し入れていたという。その詳細を記した手記が残っているおかげで、わたしたちは 21 世紀の今でもそのレシピを正しく再現することができる。マクベスが未来を嘆き、予言を乞うために荒地を訪れた時、魔女たちはいったい何をしていたのか？　もちろん、この洋梨のタルトを作っていたのだ！

✝材料（6人分）

生地用
薄力粉……250g＋少量（打ち粉用）
サフラン……少量
塩……1つまみ
バター……125g

フィリング用
洋梨……3個
ドレンチェリー……80g
レモン……1個
薄力粉……大さじ1
シナモンパウダー……1つまみ
ジンジャーパウダー……1つまみ
ハチミツ……大さじ2
洋梨ジュース……大さじ2

✝調理時間・30分　　✝冷蔵時間・30分　　✝加熱時間・45分

1) さあ、マクベスが護衛隊を引き連れて荒地へやってくる！　生地の準備をせねばなるまい。薄力粉、サフラン、塩、常温で柔らかくしたバターを混ぜるのだ。水650mlを加え、善良な従者の心のようになめらかな生地に整える。ラップで包み、洞窟の涼しいところ（または冷蔵庫）に30分置いておけ。その間に、王の未来について予言をしてやろう。

2) オーブンを180℃に熱しておく。

3) 王が苦悩している間に、フィリングを作ってしまえ。森からみずみずしい洋梨を採ってきて、皮をむき、芯を取って8〜10分割にする。ドレンチェリーを2分割にする。レモン果汁を一滴残らず搾りとる。カットした洋梨、ドレンチェリー、レモン果汁をボウルに入れ、薄力粉、シナモンパウダー、ジンジャーパウダーを加え、よく混ぜるのだ。ハチミツと洋梨ジュースを別のボウルに入れ、おまえのために3回、あたしたちのために3回、ついでに3回で全部で9回かき混ぜよ。

4) 打ち粉をした作業台で1)の生地を伸ばし、太陽の形に整えるのだ。オーブンシートを敷いた天板にのせ、中心に3)のフィリングを置く。生地の端を中心に向かって折りたたみ、フィリングの一部を覆う。3)のハチミツと洋梨ジュースのソースをかけて、オーブンに45分入れる。マクベスがきびすを返して立ち去ったらすぐに食べよ。

ビーバー夫人のマーマレード菓子

『ライオンと魔女』のビーバー夫妻は、ペベンシー兄弟姉妹においしいごちそうをたっぷりふるまってくれました。なかでも絶品だったのが、ビーバー夫人ご自慢のこのデザート、素敵にねとねとするマーマレード菓子です。ただし、白い魔女に誘惑されてしまったエドマンドだけは、残念ながら食べられなかったようですけどね。

† 材料（4人分）
卵……4個
塩……1つまみ
バター……50g
グラニュー糖……100g
薄力粉……100g
オレンジマーマレード
……150g

† 調理時間・10分　† 加熱時間・10分　† 寝かせ時間・30分

1) オーブンを180℃に熱しておきます。

2) ビーバー夫人がダムでせっせと働いている間に、お気に入りのエプロンを締めてキッチンに立ちましょう。卵を割って卵白と卵黄に分けます。青い花模様のついたボウルを探してきて、そこに卵白と塩を入れ、泡立て器やハンドミキサーを使ってしっかりと固く泡立てます。

3) バターを小ぶりの鍋に入れて、弱火にかけて溶かします。

4) 好きな模様のついた別のボウルを取り出します。そこに、2)の卵黄とグラニュー糖を入れて、白っぽいムース状になるまで泡立てます。ふるいにかけた薄力粉、3)の溶かしバター、2)の泡立てた卵白を加えます。なるべくたくさんの空気を取り入れるよう、大きく手を振り回しながらかく拌しましょう。オーブンシートを敷いたロールケーキ天板に生地を流して、オーブンに10分入れます。

5) 作業台の上に、ストライプ模様がついた大きくて清潔な布巾を広げましょう。4)の生地をのせて布巾で包み、まだ熱いうちに布巾と一緒に生地を丸めます。そのまま冷ましましょう。

6) 布巾と生地を広げて、生地の表面にたっぷりとオレンジマーマレードを塗ります。生地を再び丸めて出来上がり。大きめにカットして召し上がれ。ほら、笑い声と鈴の音が聞こえませんか？　もうすぐ白い魔女の冬の時代が終わって、楽しいクリスマスがやってくるでしょう。

ナルニア国物語

タムナスのスフレ

初めてナルニアを訪れたルーシーは、赤いマフラーを巻いたフォーン、タムナスと出会いました。ふたりはすぐに仲よしになって、並んで暖炉の前に腰かけて、このおいしいお菓子を一緒に食べたんですよ。

† 材料（6人分）

ブラックチョコレート……350g

バター……110g+少量（スフレカップ用）

卵白……卵10個分

塩……1つまみ

グラニュー糖……150g

卵黄……卵6個分

粉糖……少量（デコレーション用）

† 調理時間・20分　† 加熱時間・12分

1）オーブンを200℃に熱しておきます。

2）チョコレートを細かく砕きます。バターを常温で柔らかくしてダイス状にカットします。チョコレートとバターをボウルに入れて、時々かき混ぜながら湯煎で溶かします。

3）卵白と塩を別のボウルに入れて、ハンドミキサーでしっかりと固めに泡立てます。グラニュー糖を少しずつ加えながら、大きな動作で空気を捕まえるようにしてさらに泡立てましょう。卵黄、2）の溶かしたチョコレートとバターを加えてさっくりと混ぜます。

4）スフレカップ（ココット皿）の内側に薄くバターを塗って、3）の生地を流し入れます。容器の縁から中心に向かってへらを動かして、表面を均等にならしましょう。オーブンに12分入れます。途中で決してオーブンの扉を開けてはいけませんよ。焼き上がったら粉糖を振って、熱々のうちにいただきます。おや、タムナスったら、あまりのおいしさに夢中になりすぎて、笛を吹くのを忘れてしまったようですね。

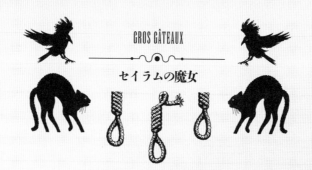

セイラムのプディング

ああ、なんとおいしくて、甘くて、元気が出るのだろう、このプディングは! お代わりの手が止まらなくなってしまう。1692年の冬、飢饉に襲われたセイラムの町では、このプディングをほんの一切れでも食べようものなら、すぐに魔女だ、魔法使いだ、と告発されたものだ。なんということだろう、たったこれだけのことで絞首刑にされてしまうだなんて……。さて、きみはこのお菓子のためにどれだけのリスクを冒すことができるだろうか?

† 調理時間・15分　† 加熱時間・2時間

1) 星ひとつない新月の夜、精霊たちに手伝ってもらって、かまどを160℃に熱する。

2) あらかじめ聖水で清めておいた鍋に750mlの牛乳を入れ、火にかけて温める。きみの好みの詩歌を朗唱しながら、糖蜜を加えて均一になるまでそっと混ぜる。ふるいにかけたコーンスターチを少しずつ加える。ダマを作らないよう、泡立て器でよくかき混ぜながら行なうこと。鍋を火から下ろして、精霊たちを一休みさせよう。

3) 卵、グラニュー糖、シナモンパウダー、塩をボウルに入れて混ぜ、2)の鍋に加えてしっかりと混ぜ合わせる。プディング型に入れ、オーブンに30分入れる。

4) バターを儀式用ナイフで小さくカットし、残り250mlの牛乳と一緒に鍋に入れて加熱する。3)のプディングをオーブンから出し、温めた牛乳とバターを上から注ぎ、もう一度オーブンに戻してさらに1時間焼く。

5) 常温で冷ましてから、バニラアイスクリームをたっぷり添えて食べる。ふるまった相手を魔法にかけてしまおう。

† 材料(6〜8人分)

牛乳……1000ml
糖蜜……60g
コーンスターチ……50g
卵……1個
グラニュー糖……125g
シナモンパウダー
……小さじ1/2
塩……1つまみ
バター……50g
バニライアスクリーム
……500ml

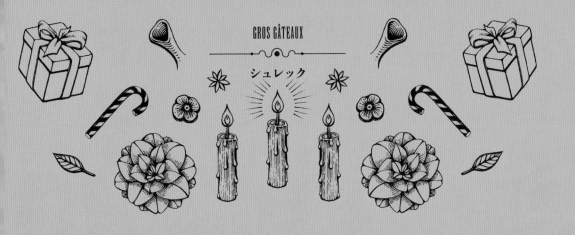

シュレック

フィオナ姫の緑のケーキ

† 材料(8人分)

パート・ブリゼ(練りパイ生地)
(市販または自家製)
……1台分
アボカド……2個
レモン果汁……100ml
無糖練乳……500ml
ホイップ済みクリーム……適量
アーモンドスライス……適量

フィオナ姫は、3つ子のきょうだいのファーガス、ファークル、フェリシアの1歳の誕生パーティーのために、ファミリーカラーである緑のケーキを完成させた。一方、わずらわしい家庭生活にうんざりしたシュレックは、気ままなひとり暮らしをなつかしく思いだしていた。すると、魔法使いのランプルスティルスキンが、かつての独身生活を1日だけ取り戻させてくれるという。大喜びのシュレック!ところが、シュレックが入りこんだのは、自分が存在しないパラレルワールドだった……。

† 調理時間・20分　† 加熱時間・45分
† 寝かせ時間・2時間　† 冷蔵時間・3時間

1) 夜が明けたら、オーブンを180℃に熱しておく。

2) パート・ブリゼをタルト型に敷きつめて、よく研いだ短剣の先端で表面をピケする(フォークを使ってもいいぞ)。生地の上にオーブンシートを敷き、タルトストーン(なければ小豆でもいいぞ)をのせ、オーブンで45分ほど空焼きする(あるいは、友だちのドラゴンに火を吹いてもらってもいいぞ)。常温に2時間以上置いて(1晩置きっぱなしでもいいぞ)冷ます。

3) 午後になったら(翌日でもいいぞ)、アボカドの皮をむき、種を取って、つぶしてピューレ状にする(あ、手でつかんでぐちゃぐちゃにしてはダメだ!　ちゃんとフォークを使うんだぞ!)。アボカドピューレ、レモン果汁、無糖練乳をボウルに入れてよく混ぜ、均一にする。2)の生地の上に注いで均等にならし、冷蔵庫に3時間入れる。

4) 食べる直前に、ホイップクリームを花模様に絞って飾りつけ、アーモンドスライスを散らして出来上がり。

沼地の泥で作ったタルト

大好きな沼地の泥を使って作ったこのタルトは、シュレックの大好物。気むず
かしいオーガとして知られるシュレックだが、こればかりは盲目の白ネズミたち、
ネグリジェを着て女装したオオカミ、そしてお調子者でおしゃべりで食いしん坊
のロバのドンキーたちと一緒に賑やかに味わうのだ。いや、やっぱりひとりで食
べるほうがいいかな……。

† **材料(6人分)**
生地用
バター……75g
チョコサンドビスケット(市販)
……400g

アパレイユ用
上質の泥(あるいはブラックチョ
コレート)……180g
バター……120g
コーヒー……75ml
塩……1つまみ
バニラパウダー……大さじ3
卵……6個
グラニュー糖……200g

コーティング用
ココアパウダー……120g
コーンスターチ……80g
グラニュー糖……150g
卵……4個
牛乳……200ml
バター……45g
上質の泥(あるいはブラックチョ
コレート)……80g

デコレーション用
ホイップ済みクリーム……適量

† **調理時間・25分**　† **加熱時間・50分**　† **冷蔵時間・1晩+40分**

1) 霧深い日に外に出て、大好きな沼地の一番匂いが強いところへ行き、ずっしりと重
い泥をたっぷりと集める。家へ戻ったら、オーブンを150℃に熱しておく。生地を作
る。暖炉の火でバターを溶かす(湯煎にかけてもよい)。チョコサンドビスケットを細
かく砕き、溶かしバターを加え、愛情をこめてよく混ぜる。タルト型の底に、端からは
み出るくらい大きなオーブンシートを敷き、砕いたチョコサンドビスケットを詰める。き
みの足の指の毛の長さ(1cm)と同じくらいの高さに端を持ち上げ、深皿のように成
形する。冷蔵庫に10分入れたあと、オーブンに10分入れて空焼きする。ドンキーに見
つからないところに置いて冷ます。

2) オーブンの温度を180℃に上げる。

3) アパレイユを作る。泥(または砕いたチョコレート)と小さくカットしたバターをボウル
に入れ、長ぐつをはいた猫に頼んで暖炉の火で溶かしてもらう(あるいは湯煎にか
けてもよい)。猫の帽子が邪魔ならどかして、コーヒー、塩、バニラパウダーを加える。
ネズミがいたら追いはらって、別のボウルに卵とグラニュー糖を入れ、白っぽくなるま
でしっかりとかく拌する。先ほどのボウルの中身を加えて混ぜ、1)の土台に流し入れ
る。オーブンで40分焼いて、1晩冷蔵庫に入れておく。

4) うっとうしいロバがいたらドラゴンを探しに行くよう命じて追いだし、ひとりきりに
なったところでコーティングを作る。ココアパウダー、コーンスターチ、グラニュー糖、
溶いた卵を鍋に入れて混ぜ、牛乳を少しずつ加えながらさらに混ぜる。中火にかけ
て、沸騰しはじめたらすぐに火から下ろし、バターと泥(または砕いたチョコレート)を
加えて、粗熱が取れるまでよく混ぜる。3)の上に注いで均等にならし、冷蔵庫に30
分入れる。ホイップクリームを花模様に絞って飾りつけ、友だちみんなで一緒に食べ
よう。

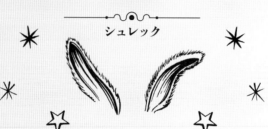

ドンキーのクラフティ

新婚ほやほやのシュレックとフィオナ姫は、姫の両親が暮らす「遠い遠い国」へ祝福を受けに行くことになった。どういうわけか、お調子者でおしゃべりのロバのドンキーも一緒にくっついてきた。でもドンキーのやつ、長くて退屈な旅の気晴らしにと、おいしいお菓子を作ってくれたんだ。

† 調理時間・15分　† 加熱時間・45分

1) オーブンを180℃に熱しておく。

2) ダークチェリーの種を取りのぞく。旅の気晴らしに、「誰が一番遠くに種を飛ばせるか」選手権を開催しよう。

3) ボウルについた砂ぼこりを手で払って、ふるいにかけた薄力粉、グラニュー糖、馬車の窓辺に置いて柔らかくしたバター、牛乳を入れて混ぜ、溶いた卵を少しずつ加えてさらに混ぜる。

4) バニラビーンズのさやを短剣（またはナイフ）を使って縦に割いて、中の種をこそぎ取る。バニラビーンズの種を3)に加える。

5) 耐熱皿の上に、五目並べをしながらダークチェリーを並べる。4)の生地を上から注いで均等にならし、オーブンに45分入れる。まわりの美しい景色をうっとりと眺めたり、ドンキーとなぞなぞを出し合ったりしながら、焼き上がるのを待とう。

† 材料（6人分）

ダークチェリー……750g

薄力粉……100g

グラニュー糖……125g

バター……25g

牛乳……250ml

卵……4個

バニラビーンズ……1本

タラ・ダンカン

ガトー・バスク

タラティランネム・タル・バルミ・アブ・サンタ・アブ・マル・タル・ダンカン、略してタラ・ダンカンは、バスク地方の古い屋敷で、おばあちゃんと一緒に穏やかな日々を送っていた。そう、自らが魔術師（ソルスリエ）で、別世界（オートルモンド）のオモワ帝国の王位後継者であると知るまでは……。だが、たとえ平和な日常が失われたとしても、故郷の郷土菓子、ガトー・バスクのおいしさは決して変わらないのだ。

† **調理時間・30分**　† **冷蔵時間・1時間**
† **加熱時間・30分**　† **寝かせ時間・12時間**

1) 小さくカットしたバター、グラニュー糖、塩を大きなボウルに入れて混ぜる。レモンの果皮を削り、小さく細かいミニサイズにカットしてから加える。卵を1個ずつ加えて、なめらかな生地になるまで混ぜ合わせる。

2) 薄力粉とベーキングパウダーをふるいにかけて加える。ベタつくようなら薄力粉を少し足す。ボール状にまとめてラップで包み、冷蔵庫に1時間入れる。

3) かまどに火をくべて180℃にする。火をおこすには、ダイヤルを回すなり、ボタンを押すなり、フラミュス（ほのおにする）のまじないを使うなり、きみの能力次第でどのようにしてもよい。

4) 打ち粉をした作業台に2)の生地を広げ、ノームの足のサイズと同じくらいの厚さに伸ばす（約5mm）。セルクル型（マンケ型でもよい）に合わせて、型より大きめの円形2枚を切りぬく。

5) 型に生地を1枚敷きこみ、ブラックチェリージャムを型の端から1cm下まで詰める。もう1枚の生地でフタをする。フォークの先端を使って表面にきれいな縞模様を描き、ドリュールを薄く塗る。天板にのせてかまどに入れる。うっかりほかのものを燃やしてしまわないよう気をつけること。

6) 表面が美しい琥珀色に変わるまで30分ほど焼く。ついうっかり食べてしまわないよう見えない奥のほうに隠しておいて、12時間以上経ったら召し上がれ！

† **材料（6〜8人分）**
バター……120g
グラニュー糖……200g
塩……1つまみ
レモン……1個
卵……2個
薄力粉……300g+少量（打ち粉用）
ベーキングパウダー……5g
ブラックチェリージャム……100g
牛乳……少量（ドリュール用）

トロイのトロルたち

トロイの頭蓋骨

トロイの大都市、エックミュールに来たら、トロルのまわりを飛んでいるハエを決して追いはらおうとしてはいけないよ。やつらは自分のハエをとても大事にしているからね。とくに朝はダメだ。朝のトロルはすごく機嫌が悪いから。もしやつらが嫌がることをしようものなら、きみの頭蓋骨はこん棒で粉々にされてしまうかもしれない。とにかく常に気をつけていないとダメだよ、だって朝はいつの間にかやってくるんだから。

† 調理時間・15分

1) 冷凍ミックスベリーを解凍する。生のイチゴを使う場合は、ヘタを取って4等分にする。あ、おいしいからってあんまり食べてはダメだよ。じゃないとおやつは抜きにするからね。
2) エピュスのように繊細なしぐさでメレンゲ菓子を粗めに砕き、深皿に入れる（兜や盾を使ってもいいぞ）。
3) ホイップクリームをボウルに入れ、1)のミックスベリーを加えてよく混ぜる。2)の皿の上に注いで出来上がり。ほら、トゥトラムが狩ってきたフクロモモンガの頭蓋骨にそっくりじゃないか。

† **材料**(6人分)
冷凍ミックスベリー（生のイチゴ、ブルーベリー、ラズベリーを使っても可）……500g
メレンゲ菓子
……両手いっぱい分
ホイップ済みクリーム
……500ml

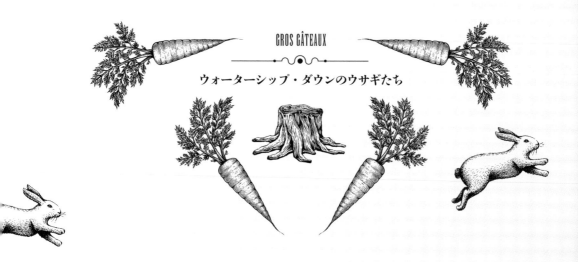

ウォーターシップ・ダウンのウサギたち

ウサギたちのケーキ

若ウサギのファイバーと兄のヘイズルは、仲間たちと一緒に楽しい日々を送っていた。ところが予知能力のあるファイバーは、自分たちが暮らすサンドルフォード村に近々不幸が訪れることを知ってしまった。そこで兄弟と勇気ある仲間たちは、安全に暮らせる土地を探す旅に出ることにした。でも長旅に出るなら、その前にしっかり英気を養っておく必要があるだろう。それなら、おいしくてジューシーなこのキャロットケーキを食べるのが一番だ!

† 調理時間・15分　　† 加熱時間・45分　　† 寝かせ時間・45分

1) オーブンを180℃に熱しておく。

2) 卵をボウルに入れて溶き、グラニュー糖を加えて白っぽくなるまでしっかりかく拌する。クルミ油、ふるいにかけたコーンスターチを加え、均一になるまで混ぜる。ダマにならないよう気をつけること。カットくるみ、スライサーで千切りにしたニンジン、シナモンパウダー、重曹を加え、よく混ぜる。

3) パウンドケーキ型の内側にバターと薄力粉を薄く塗り(シリコン製の場合は不要)、2)の生地を流し入れる。45分ほどオーブンに入れる。ナイフを中心に刺して先端が濡れないのが焼き上がりの目安。

4) 常温で15分ほど寝かせてから型からはずし、そのまま冷ます。

5) 粉糖をレモン果汁に溶かしてアイシングを作り、4)の上から注ぐ。固まるまでしばらく待ってから食べよう。

† 材料(6人分)

卵……2個
グラニュー糖……175g
クルミ油……大さじ1
コーンスターチ……100g
カットくるみ……50g
ニンジン……225g
シナモンパウダー……小さじ1
重曹……小さじ1
薄力粉……少量(型用)
バター……少量(型用)

アイシング用

粉糖……150g
レモン果汁……100ml

すこぶる謙虚になれる
クランブル タルト

ヒルダとゼルダのようなベテランの魔女姉妹でも、このタルトに関しては何も手出しができないのよ。サブリナがたったひとりでキッチンに入って作らないといけないの。そう、あのわがままで金づかいの荒いお友だち、モーガンにこれを食べさせなくちゃならないから。あの子もちゃんと定職に就いて、お金のありがたみがわかるようにならないとね。

† 材料（6人分）

バター……75g

グラニュー糖……120g

薄力粉……100g

アーモンドパウダー……50g

洋梨……3個

リンゴ……7個

バニラビーンズ……1/2本

シナモンパウダー……1つまみ

パート・ブリゼ（練りパイ生地）（市販または自家製）……1台分

† 調理時間・30分　† 加熱時間・1時間　† 冷蔵時間・30分

1）クランブル生地を作る。直前まで冷蔵庫に入れておいた冷たいバターを小さくカットする。グラニュー糖、薄力粉、アーモンドパウダーと一緒にボウルに入れ、指先を使ってバターをすりつぶしながらそぼろ状の生地にする。冷蔵庫に30分入れる。

2）洋梨とリンゴの皮をむいて芯を取り除き、すべてダイス状にカットする。バニラビーンズのさやをナイフで縦に割って中の種をこそぎ取る。洋梨、リンゴ、バニラビーンズの種、シナモンパウダーを鍋に入れ、よくかき混ぜながら中火で30分ほど加熱する。水分を飛ばしてコンポートにする。

3）オーブンを180℃に熱しておく。

4）パート・ブリゼをタルト型に敷きこみ、2）のコンポートを入れて平らにならす。オーブンに20分入れる。タルトを取り出してオーブンの温度を210℃に上げる。冷蔵庫から出したばかりの冷たい1）のクランブル生地をタルトの表面に均等にのせて、再びオーブンに10分入れる。表面が淡い黄金色になったら完成。

キキのブリオッシュ

わたし、魔女のキキ！ 町の中で自分の居場所を見つけるのってけっこう大変なのよ。みんなと伸よくしながらも自由を失わずに生きていくには、時間をかけていろいろなことを解決していかなきゃならないの。でもとりあえず今は、この焼き立てのブリオッシュをすぐに配達しないとね。さあ、ホウキに乗って飛んで行くわよ!

†材料(4人分)

バター……70g
牛乳……200ml
生イースト……25g
強力粉 ……500g+少量(打ち粉用)
グラニュー糖……60g
卵……2個+1個(ドリュール用)
塩……1つまみ

†調理時間・30分　†加熱時間・35分　†寝かせ時間・2時間30分

1) バターを小さくカットし、常温でポマード状に柔らかくする。牛乳を鍋に入れ、弱火にかけて温める(電子レンジを使ってもよい)。生イーストを大さじ2杯の温めた牛乳で伸ばし、そのまま10分置く。

2) 強力粉、グラニュー糖、卵2個、塩をスタンドミキサーのボウルに入れ、平面ビーターを使って低速でかく拌する。1)の生イーストを加え、残りの牛乳を少しずつ加えながらさらに10分かく拌する。1)のバターを加え、今度は中速で5分こねる。

3) 生地をボウルに移し、清潔な布巾(ラップでも可)を被せて暖かいところで(オーブンの近くなど)1時間30分寝かせる。

4) 打ち粉をした作業台に3)の生地を広げ、軽く叩いて中に含まれる空気を追い出す。生地を3等分し、それぞれを細長く伸ばす。3本の生地を三つ編みの要領で編みこみ、端と端をくっつけてリング状にする。オーブンシートを敷いた天板にのせ、もう一度布巾を被せて暖かいところで30分寝かせる。

5) オーブンを180℃に熱しておく。

6) 卵1個を溶いてドリュールを作る。4)の生地の表面に刷毛でドリュールを塗り、オーブンに30分入れて完成。冷ましてから食べよう。

ファイナルファンタジー

エオルゼアのカトルカール

エオルゼアでもっともおいしいケーキを食したい者どもよ、ここへ集まれ！　新大陸で生まれたこのお菓子のクオリティには、どれほど疑い深い者たちでもすぐに納得するだろう。水属性と火属性を付与し、実際に作ってみればわかることだ。

† **調理時間・20分**　† **加熱時間・45分**

1) オーブンを180℃に熱しておく。

2) パイナップルをダイス状にカットする。

3) バター20gをフライパンに入れて火にかけて溶かし、2)のパイナップルを加えて汁気が飛ぶまで5分ほど炒める。火から下ろして常温で冷ます。

4) バター250gを耐熱ボウルに入れ、電子レンジに30秒ほど入れて完全に溶かす。バニラビーンズのさやをナイフで縦に割って中の種をこそぎ取る。レモンの果皮をおろし器で削る。

5) 卵とブラウンシュガーをボウルに入れて泡立て器でかく拌し、4)のバニラビーンズの種とおろしたレモンの果皮を加える。4)の溶かしバターを加えてかく拌する。泡立て器でかき混ぜながら、薄力粉とベーキングパウダーを少しずつ加える。最後に3)のパイナップルを加えて混ぜ合わせる。

6) シリコン製パウンドケーキ型の内側にバター10gを薄く塗る。5)の生地を流し入れ、オーブンに40分入れる。中心にナイフを刺してみて、先端が濡れていなければ焼き上がりだ。

† **材料**（6人分）

パイナップル……250g

バター……280g

バニラビーンズ……1/2本

レモン……1/2個

卵……4個

ブラウンシュガー……250g

薄力粉……250g

ベーキングパウダー……10g

第5章

---　◆　---

魔　法　薬

---　◆　---

158

「わたしをお飲み」ポーション

†材料(4人分)

砂糖不使用リンゴジャム(市販
または自家製)……100g
バニラビーンズ……1本
メイプルシロップ……大さじ2
ザクロジュース……400ml

青イモムシがのっかっているキノコに手が届かないほどからだが小さくなったり、逆にヘビに間違えられるほどからだが大きくなってしまったら、このポーションを飲んでみよう。どんなことが起こるかは飲んでからのお楽しみ。

†調理時間・5分

1)リンゴジャムを、ヒナギクの花模様のボウルに入れる。

2)バニラビーンズのさやを魔法の杖(あるいはナイフの先端)で縦に割って、中の種をこそぎ取る。

3)2)の種を1)に加える。メイプルシロップを一滴ずつ注いで魔法の杖でかき混ぜ、ザクロジュースを滝のように加える。

4)白ウサギの懐中時計の針が回る方向に3回、さらにその逆向きの反対の逆さまの方向に4回かき混ぜて出来上がり。

温かい本格バタービール（ノンアルコール）

バタービールは 1855 年にイギリスで発明された。バタースコッチシロップにバニラ風味のソーダを合わせたドリンクで、その見た目はまさにビールそのもの。魔法界でイベントが行なわれる時は、必ずこのバタービールがふるまわれるという。

† 調理時間・5分　† 加熱時間・5分

1) 牛乳を鍋に入れ、火にかけて温める。
2) 1)をジョッキに注ぎ、バタースコッチシロップを加えてそっとかき混ぜる。
3) 好みでホイップクリームを上に絞って完成。熱いうちにいただこう。

† 材料（4人分）
牛乳……500ml
バタースコッチシロップ（市販または自家製の塩バターキャラメルソースでも可）……60ml
ホイップ済みクリーム……適量

冷たい本格バタービール（ノンアルコール）

舌をパチパチと刺激する冷たいバタービールを飲めば、いつだって元気いっぱいになれる！　グリフィンドール寮の談話室でのパーティーには欠かせない飲み物だ。

† 調理時間・5分

1) バタースコッチシロップをジョッキに注ぎ、上からキンキンに冷やしたルートビアクリームソーダを注ぐ。
2) そっとかき混ぜ、たっぷりとホイップクリームをのせて出来上がり。

† 材料（4人分）
バタースコッチシロップ（市販または自家製の塩バターキャラメルソースでも可）……60ml
ルートビアクリームソーダ……500ml
ホイップ済みクリーム…適量

ギグルウォーター

魔法生物についての情報を知りたいなら、ブラインド・ピッグという地下酒場へ行ってみるといい。そうさ、もぐりでやってる店だ。袋小路の奥の壁に貼られたポスターの裏から入れるはずだ。店に入ったら常連客のようにさりげないふうを装って、このギグルウォーター（笑い水）を注文するんだな。それから、バーの経営者でニューヨーク最強のギャングスター、ゴブリンのナーラクと話をつけるといいさ。

†調理時間・5分　†加熱時間・10分　†寝かせ時間・15分

1) 魔法の杖を隠し持って、秘密の扉を開けてバーの中に入りこめ。125mlの水、グラニュー糖を鍋に入れて、好みで食用色素を微量加えて弱火にかけろ。グラニュー糖が溶けるまでしっかりとかき混ぜるんだ。グミを加えて、完全に溶けるまでさらにかき混ぜながら加熱しろ。火から下ろして常温で冷ませ。

2) 1)のシロップを透明のグラスに注ぎ分けろ。そっと炭酸水を加えて、トッピングシュガーを散らすんだ。さあ、あまり悪目立ちしないように静かに飲めよ。秘密の扉を隠す魔法が解けて、マクーザの連中がやって来る前に飲み終えるんだ。

†材料（8人分）

グラニュー糖……100g
食用色素（緑）……好みで
ハリボーのクロコダイルまたはフロッグ（緑色のグミ）……16個
炭酸水……1000ml
トッピングシュガー……適量

フリットウィック先生のお気に入り

† **材料**（4人分）
チェリーシロップ……小さじ4
コーラ飲料……500ml
バニラアイスクリーム……100g
ドレンチェリー……1つかみ
パラソルピック……4本

ホグワーツの先生たちが内緒話をする時は、いつもホグズミード村にやってき
て、マダム・ロスメルタが経営する「三本の箒」に集まるという。恐ろしい預
言や闇の魔法使いについてひそひそと話し合う時も、好物の甘いドリンクは必
ず注文するのだ。

† **調理時間・5分**

1) 「したたり落ちよ」の呪文で、チェリーシロップをグラスに垂らす。コーラ飲料を注ぎ、
   「すべて混ざれ」の呪文をかける。

2) バニラアイスクリームをディッシャー（なければスプーン）ですくい、セストラルのよう
   に繊細な動きでそっと1)の上にのせる。

3) ドレンチェリーを数個のせて、パラソルピックを飾って完成。生徒たちに見つからない
   うちに早く味わおう。

過去のクリスマスのワッセイル（ノンアルコール）

過去のクリスマスの幽霊が見せてくれたなつかしい思い出といえば、なんと言っ
てもワッセイルを飲んだ日のことでしょう。クリスマスパーティーでフェジウィグ夫
人がこれを作ってくれた時、エベネーザ・スクルージはまだあどけない少年で
した。好きな女の子をダンスに誘うことができないくらい内気だったのです。さあ、
ここでは、ディケンズの時代に実際に作られていたレシピを紹介しましょう。

† **調理時間・5分**　　† **加熱時間・15分**　　† **寝かせ時間・10〜15分**

1) クリスマス・キャロルを歌いながら、リンゴジュースを鍋に入れて弱火にかける。
2) オレンジとレモンの果皮を削って1)の鍋に加える。ジンジャーパウダーとハチミツを
　加えてしっかりと溶かす。スターアニス、シナモンスティック、ドレンチェリー、クローブ
　を加え、そっとかき混ぜる。
3) 鍋を火から下ろし、10〜15分待ってからこし器でこす。熱々にして飲めば、きっと今
　のこの瞬間がやがて幸せな思い出へと変わるだろう。

† **材料**（6人分）

リンゴジュース……1000ml
オレンジ……1個
レモン……1個
ジンジャーパウダー
……小さじ1/2
ハチミツ……大さじ4
スターアニス……2個
シナモンスティック……2本
ドレンチェリー……1つかみ
クローブ……1個

ウィリー・ウォンカのホット・チョコレート

ウィリー・ウォンカのチョコレート工場だけで作ることができる、ムースのようにふんわりと軽くて、おいしくて、夢のようなホットチョコレート。チョコレートの川から太いパイプで直接吸い上げられているんだ。

† 材料（6人分）

牛乳……1000ml

ハチミツ……大さじ6

ミカン果汁……2個分

ブラックチョコレート……150g

バニラビーンズ……1本

ジンジャーパウダー……小さじ1

シナモンスティック……2本

ホイップ済みクリーム……適量

† 調理時間・5分　† 加熱時間・15分　† 寝かせ時間・10分

1) ウォンカのチョコレート工場にこっそりと潜りこんで、滝から水差しで直接ホットチョコレートを汲み上げられるならそれが一番いいだろう。だがそうできない場合は、牛乳、ハチミツ、ミカン果汁を鍋に入れて弱火にかけよう。吹きこぼさないよう気をつけること。

2) チョコレートを細かく砕いて1)に加える。

3) バニラビーンズのさやをナイフで縦に割って、中の種をこそぎ取る。

4) 2)のチョコレートが完全に溶けたら、3)の種、ジンジャーパウダー、シナモンスティックを加えて混ぜ、火から下ろして常温で10分ほど冷ます。

5) シナモンスティックを取り出し、カップに注いでホイップクリームをたっぷりのせて完成だ。

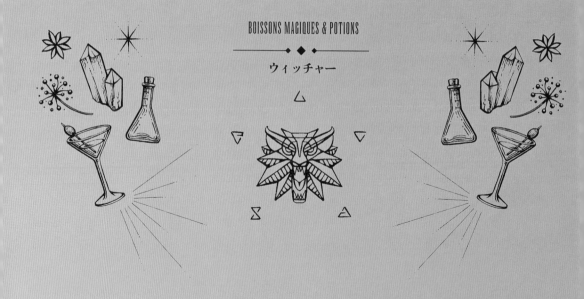

ゴーレムの心臓のエリクサー

ゴーレムの石の心臓は錬金術の重要な材料だ。これを手に入れることで強力な霊薬を作ることができる。摂取したウィッチャーの脳に変異がもたらされ、反射神経が格段にアップするのだ。それだけではなく、なんと知性が向上するとも言われている。さあ、共に酌み交わそうではないか！

† 材料（1杯分）

キューブアイス……3個
ラズベリーシロップ……20ml
レモン果汁……20ml
クランベリージュース……40ml
ジンジャーエール……100ml

† 調理時間・5分

1) キューブアイスをシェーカーに入れ、ラズベリーシロップ、レモン果汁、クランベリージュースを順に注ぐ。フタを閉じて15秒ほどシェイクする。

2) ストレーナーでこしながらグラスに注ぎ、ジンジャーエールを加えてできあがり。

3) なお、上級錬金術をマスターした者は、以下の材料で作ってみてもよいだろう：クレーム・ド・フランボワーズ（ラズベリーリキュール）20ml、レモン果汁20ml、クランベリージュース40ml、コアントロー（ホワイトキュラソー）40ml、ジンジャーエール60ml。

決闘のワイン（ノンアルコール＆毒なし）

ウィスリーは乱心の崖まで来てようやく3人の悪党に追いついた。手始めにスペイン人の剣の達人イニゴを倒して、続けて韻を踏むのが好きな巨人のフェジクを気絶させる。残すはもっともずる賢い相手、シチリア人のビジニだけだ。ふたりの目の前に2つのグラスワインが置かれた。いずれかに猛毒の粉末が入っている。ウィスリーとビジニは同時にグラスを空けて……さあ、息絶えるのはいったいどちらか？　この決闘の賭けの対象は、何を隠そうあのバターカップ姫だ。

† **材料**（6人分）

リンゴジュース……500ml

エルダーフラワージュース（コーディアルの場合は商品の説明書に従って水で希釈する）……500ml

ハチミツ……大さじ6

† **調理時間・5分**

注：このワインは、夏は冷やして、冬は温めて飲むとよいだろう。いかなるシチュエーションにも合う飲み物だ。火の沼でのピクニック、海賊船でのクルージング、スポーツのトレーニング中（ボルダリング、石投げ、城襲撃……）などにどうぞ。

1）精鋭部隊に属する巨人の誰か、あるいはフェジクに頼んで、リンゴを両手でつぶしてもらう。あるいは、リンゴジュースのフタを開けてもらう。何のために使うかをわざわざ説明する必要はない。むしろ、やさしい口調で、韻を踏みながら頼むとよい。

2）アルビノの拷問者が快く貸してくれた壺にリンゴジュースを入れ、同量のエルダーフラワージュースを加える。

3）そっとかき混ぜてからグラスに注ぐ。
好みでハチミツを加えてもよいだろう。

ヴァンパイアの血液の代用品

† 材料(6人分)

ラズベリージャム……1瓶
マルベリー（桑の実）シロップ
（市販または自家製）
……大さじ6
クランベリージュース
……500ml
ザクロジュース……500ml
レモン……2個

以下、ジェームズ・モリアーティの日記から一部を抜粋する。

「ミナ・ハーカーの血液の特性を研究したところ、次のような結論に達した：彼女の血管を流れるヴァンパイアの血液と同等のものを人工的に製造することは可能である。……これは驚くべきことだ。つまり、ヴァンパイアの血液を構成する物質と同じものが、すでにこの世に存在しているということなのだから。ただし、効果が継続するかどうかは今のところ不明である」

はたしてこの代用品は、ミナ・ハーカーの本物の血液と同じように、摂取した者をヴァンパイアに変えることができるだろうか？　ぜひきみに実験台になってもらいたい。

† 調理時間・5分　† 寝かせ時間・15分

モリアーティからの忠告：この実験は満月の夜に行なうとより効果が高まるようだ。

1) ラズベリージャムをビーカーに入れ、底面に均等にならせ。マルベリーシロップをビーカーの側面に沿って糸状に垂らしながら加えよ。

2) クランベリージュース半量、ザクロジュース、さらに残りのクランベリージュース半量を、順にそっと注げ。レモンの果汁を搾り、1滴ずつ加えよ。

3) 北半球におけるコリオリの力の向きにビーカーを回転させよ（南半球だと逆方向になるので注意）。月光に15分ほどかざし、よく冷やしてから飲むのだ。

◆ ◆

リーグ・オブ・レジェンド　時空を超えた戦い

ジキル博士の変身用ポーション

以下、ジェームズ・モリアーティの日記から抜粋する。
「この薬品に含有される物質は、平常時であれば摂取してもいかなる変化ももたらさない。ところが、一定の条件下に置かれた場合のみ、ある種の変化を生じさせる。たとえば、周囲が不穏な空気に包まれた時、あるいは、雲のない夜の満月の光を浴びた時などに試してみるとよいだろう」
そう、きみもこのポーションを飲めばハイド氏のようになれるかもしれない。

† 調理時間・5分

1) 秘密の研究所の、静まり返った陰鬱な雰囲気の中で、材料の分量を少しの狂いもなく正確に測定せよ。血の涙を慎重にビーカーに注げ。恐怖の煮出し汁を目盛りつきピペットを使って採取し、ビーカーの側面に沿って糸状に垂らしながら注げ。

2) ユブルの果汁、失望のエキス、青い水も同様にしてビーカーに注げ。カラフルな色の層が崩れないよう留意せよ。

3) そのまま一口飲めば、すべての色の層が混ざり合ってひとつの色になる。それはおまえの魂の奥底と同じ色だ。

† **材料**（4人分）

血の涙（またはチェリーシロップ）……100ml

恐怖の煮出し汁（またはオレンジジュース）……50ml

ユブルの果汁（またはリンゴジュース）……100ml

失望のエキス（または桃ジュース）……100ml

青い水（またはパワーエイドなど青色のスポーツドリンク）……150ml

ルーシー・ペベンシーの
コーディアル

† **材料(4人分)**

ミカン……4個

オレンジ……2個

ブラッドオレンジ……1個

ピンクグレープフルーツ……1個

レモン……1個

ハチミツ……大さじ4

『ライオンと魔女』で、ルーシーはサンタクロースからクリスマスプレゼントにこのコーディアルをもらいました。万一のことがあった時、心と魂を蘇らせてくれるという薬酒です。ペベンシー兄弟姉妹がナルニア軍と一緒に白い魔女と戦ったベルナの戦いで、エドマンドの命はこのコーディアルに救われたのです。

† **調理時間・10分　† 加熱時間・10分**

1) 白い魔女の魔法が弱まって、氷が溶けはじめてきたころ、水晶のように清らかな湧き水500mlを鍋に注ぎ、強火にかけて沸騰させます。

2) ミカン、オレンジ、ブラッドオレンジ、ピンクグレープフルーツ、レモンを作業台に置いて、それぞれ手のひらで押しながら転がして柔らかくします。半分にカットし、果汁を搾って大きなボウルに集めましょう。

3) 2)の柑橘類の果皮をそれぞれ4枚ずつ削りとり(季節ごとに1枚ずつの換算です)、1)の鍋に入れて5分ほど加熱します。すべての表皮をすくってざるに上げ、水気を切ります。

4) ハチミツを2)の果汁に加えてよく混ぜ、3)の果皮を再び加えて完成です。危機に襲われた時に、熱々で、常温で、あるいは冷やして飲みましょう。

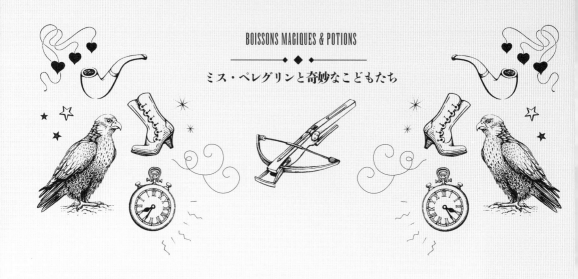

ミス・ペレグリンの屋敷の
ソファで飲むホットミルク

ミス・ペレグリンの屋敷を初めて訪れたジェイクは、豪華なディナーをごちそう
になった。食事に同席したのは……世にも奇妙なこどもたちだった。そういう
子たちと打ち解けるには、マシュマロの香りがする熱いミルクをすすりながら、
ホレースの目から投影される夢の映画上映をみんなで仲よく鑑賞するのが一
番だ。

†材料（4人分）

アーモンドミルク……500ml

マシュマロ（プレーン）……60g

ドレンチェリー……60g

†調理時間・5分　†加熱時間・10分

1）アーモンドミルクを鍋に入れて弱火にかける。

2）マシュマロを小さくカットして1）の鍋に加え、よくかき混ぜながら10分ほど加熱して
　溶かす。

3）鍋を火から下ろし、ハンドブレンダーでかく拌してふわふわでおいしそうなムース状に
　する。

4）グラスにたっぷり注いでドレンチェリーをのせる。あったかい毛布にくるまって映画を
　観ながら飲もう。

シュレックのミルクシェイク

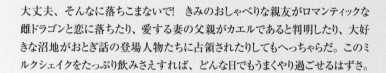

大丈夫、そんなに落ちこまないで! きみのおしゃべりな親友がロマンティックな雌ドラゴンと恋に落ちたり、愛する妻の父親がカエルであると判明したり、大好きな沼地がおとぎ話の登場人物たちに占領されたりしてもへっちゃらだ。このミルクシェイクをたっぷり飲みさえすれば、どんな日でもうまくやり過ごせるはずさ。

† 材料(4人分)

アボカド……3個
黄肉スイカ……500g
牛乳……500ml
レモン……1個
ハチミツ……大さじ2
ワーム(ミミズ型)グミ
……1つかみ

† 調理時間・10分

1) アボカドと黄肉スイカの皮をむいて、種を取った身をボウルに入れる。緑色の大きな手でつかんで(へらを使ってもよい)、粉々に砕き、叩きのめし、ぺしゃんこにし、ぐしゃぐしゃにし、おかゆのようにどろどろの状態にする。

2) レモンを両手でぎゅっと握って柔らかくし、最後の一滴まで果汁を搾りつくす。

3) 牛乳と2)のレモン果汁を1)のボウルに加え、ハンドブレンダーでかく拌する。

4) 味見をし、気分次第でハチミツを加えてもよい。グラスに注ぎ、縁にミミズを1匹這わせたら完成。一気飲みしてから雄叫びを上げて、いざ冒険の旅に出かけよう。

フィオナ姫のピニャ・コラーダ（ノンアルコール）

ドラゴンの城のてっぺんに幽閉されたフィオナ姫は、自分にかけられた呪いを解いてくれる「運命の人」を待ちつづけていた。そして気を紛らわすために、カンフーの技磨きに日々励んでいたという。魔法の鏡によると「めっちゃうまい」このピニャ・コラーダを飲みながらね。

† 調理時間・5分

1）雲ひとつない満月の夜、パイナップルジュースとココナッツミルクをボウルに入れて混ぜ合わせる。

2）天窓から見える月を愛でながら、シュガーシロップを加えてかき混ぜる。

3）歌を唄いながら、パイナップルスライスを人数分にカットする。

4）グラスに注ぎ分け、3）のパイナップルスライスとドレンチェリーをカクテルピンに刺してグラスの縁にかける（グラスの中に入れてもよい）。仲のよい友だちと一緒に夜明けまで飲み明かそう。

† 材料（4人分）

パイナップルジュース
……800ml

ココナッツミルク……200ml

シュガーシロップ……大さじ8

パイナップルスライス（生または缶詰）……2枚

ドレンチェリー……6個

ヴァンパイア除けミルク

†材料（4人分）

牛乳……500ml

セロリの茎……1本

ヴィーナスのハーブ（レモンバー
ベナ、ティーバッグでも可）
……1束

王のハーブ（バジル）……2枚

ハチミツ……少量

覚えておいてほしい、ヴァンパイアはバーベナが苦手なのだ。だから、暖かく
て気持ちのよいベッドに潜りこむ前に、このポーションを必ず飲んでおこう。デ
イモンやキャサリンたちが、きみのおいしそうな頸動脈を狙っているかもしれな
いからね。

†調理時間・5分　　†加熱時間・5分　　†寝かせ時間・10分

1）地平線に太陽が沈み、あたり一帯に霧が立ちこめてきたら、牛乳を鍋に入れて弱火
　にかけて温める。

2）セロリの茎の筋を取り、きみが守りたいと思う人の数だけスティック状にカットする。

3）ヴィーナスのハーブと王のハーブを洗い、1）の鍋に加え、火から下ろしてそのまま10
　分ほど置く。

4）こし器でこしながらカップに注ぎ分ける。ハチミツを垂らし、2）のセロリスティックで
　かき混ぜる。すべて飲み干してから眠りにつこう。

風邪引き魔法使いのための命の水

† 材料（1瓶分）

ショウガ……1かけ
レモン……1個
シナモンスティック……1本
好みのハチミツ……大さじ1

ニコラス……いや、母国語のフランス語読みで言うところのニコラ・フラメルは、鉛を金に変える「賢者の石」を作り出したことで知られている。だが実は、彼はもうひとつ非常に重要な発明をしていたのだ……それについてはまだほとんどの人が気づいていないのだが、よく考えれば誰でもわかるはずだ。だって、ニコラ・フラメルは14世紀からずっと風邪ひとつ引かずに生きつづけているのだから。

† 調理時間・5分　† 加熱時間・15分

1) ショウガの皮をむいて輪切りにする。
2) レモンの果汁を搾る。500mlの水を小鍋に入れ、火にかけて温める。
3) レモン果汁、1)の輪切りにしたショウガ、シナモンスティック、ハチミツを2)の鍋に加えて15分ほど加熱する。ただし、決して沸騰させないこと。
4) こし器でこしてから瓶に入れて冷やす。もし風邪を引いていたら、鍋に入れたまま温めなおして一日中何度も繰り返し飲もう。

グリンチのクリスマスドリンク

フーヴィルの町に雪がしんしんと降りはじめた。遠くのほうからクリスマス・キャロルのやさしい音色が聞こえてくる。さあ、楽しいクリスマスがやってきた！ だがもし気分が乗らなければ、グリンチの真似をしてもよいだろう。ドアをぴしゃりと閉め、鎧戸を引いて、感傷的で甘ったるくてむかつくクリスマスに背を向ける。冷たいソファに縮こまって、ぶつくさと文句を言いながら、たったひとりでこのクリスマスドリンクのグラスを傾けるのだ。

† 材料（1瓶分）

キウイ……1個
レモン……2個
レモネード（市販または自家製）
……500ml
グラニュー糖……好みで

† 調理時間・5分

1) すり切れたガウンを羽織り、ぼろぼろのスリッパを突っかけて、気持ちを落ち着かせてから、キウイの皮をむいて粗めにカットする。レモンをぎゅーっと搾って搾って搾りつくして、一滴も残さずに果汁を集める。

2) クリスマス・キャロルがどこからも聞こえてこないのを確かめた上で、窓をほんの少しだけ開けて、雪の中に突っこんで冷やしておいたレモネードの瓶を取りだす。

3) 1)のキウイをフードプロセッサーにかけて、グラスに注ぐ。1)のレモン果汁、2)のレモネードを静かに加える。味見をして、きみの機嫌と同じようにとげとげしい味だと思ったら、少しグラニュー糖を加えてみよう。もっと冷やしたければ、外から雪を取ってきて入れるとよい。ひとりきりの部屋の片隅でふくれっ面をして飲もう。

参 考 文 献 ・ 資 料

書物の中の魔法使いたち

『ウォーターシップ・ダウンのうさぎたち』リチャード・アダムス、
評論社、2006 年

『はてしない物語』ミヒャエル・エンデ、岩波書店、1982 年

« Trolls de Troy » Christophe ARLESTON, Jean-Louis
Mourier, Soleil, 1997 年

『ピーター・パン』ジェームズ・M・バリー、岩波少年文庫、
2000 年、他邦訳あり

『不思議の国のアリス』ルイス・キャロル、角川文庫、2010 年、
他邦訳あり

« 50 contes et histoires enchantées » C. COHEN, Y.
HADDAD, D. SOLDI, Compagnie Internationale du
Livre, 1980 年

« Contes et Légendes de Brocéliande » COLLECTIF, Terre
de Brume, 2000 年

『チョコレート工場の秘密』ロアルド・ダール、評論社、2005 年

『クリスマス・キャロル』チャールズ・ディケンズ、新潮文庫、
2011 年、他邦訳あり

『スターダスト』ニール・ゲイマン、角川文庫、2007 年

『ニーベルンゲンの歌』、ちくま文庫、2011 年、他邦訳あり

『ミス・ペレグリンと奇妙なこどもたち』ランサム・リグズ、潮出版社、
2016 年

« Des confitures » NOSTRADAMUS, Fabrice Guérin,
Olivier Orban, 1981 年

『幻の動物とその生息地　新装版』J・K・ローリング、静山社、
2017 年

『グリンチ』ドクター・スース、アーティストハウス、2000 年

『マクベス』ウィリアム・シェイクスピア、新潮文庫、1969 年、
他邦訳あり

『みにくいシュレック』ウィリアム・スタイグ、セーラー出版、1991 年

『タラ・ダンカン』ソフィー・オドゥワン＝マミコニアン、メディアファ
クトリー、2004 〜 2015 年

『中つ国』シリーズ

『ホビットの冒険　オリジナル版』、J・R・R・トールキン、岩波書店、
2002 年、他邦訳あり

『新版　指輪物語〈1〉—〈4〉旅の仲間』J・R・R・トールキン、
評論社文庫、1992 年

『新版　指輪物語〈5〉—〈7〉二つの塔』J・R・R・トールキン、
評論社文庫、1992 年

『新版　指輪物語〈8〉—〈9〉王の帰還』J・R・R・トールキン、
評論社文庫、1992 年

『ハリー・ポッター』シリーズ

『ハリー・ポッターと賢者の石』J・K・ローリング、静山社、
1999 年

『ハリー・ポッターと秘密の部屋』J・K・ローリング、静山社、
2000 年

『ハリー・ポッターとアズカバンの囚人』J・K・ローリング、静山社、
2001 年

『ハリー・ポッターと炎のゴブレット』J・K・ローリング、静山社、
2002 年

『ハリー・ポッターと不死鳥の騎士団』J・K・ローリング、静山社、
2004 年

『ハリー・ポッターと謎のプリンス』J・K・ローリング、静山社、
2006 年

『ハリー・ポッターと死の秘宝』J・K・ローリング、静山社、
2008 年

『ナルニア国』シリーズ

『ライオンと魔女　ナルニア国ものがたり〈1〉』C・S・ルイス、
岩波少年文庫、2000 年

『カスピアン王子のつのぶえ　ナルニア国ものがたり〈2〉』C・S・
ルイス、岩波少年文庫、2000 年

『朝びらき丸東の海へ　ナルニア国ものがたり〈3〉』C・S・ルイス、
岩波少年文庫、2000 年

『銀のいす　ナルニア国ものがたり〈4〉』C・S・ルイス、岩波
少年文庫、2000 年

『馬と少年　ナルニア国ものがたり〈5〉』C・S・ルイス、岩波
少年文庫、2000 年

『魔術師のおい　ナルニア国ものがたり〈6〉』C・S・ルイス、
岩波少年文庫、2000 年

『さいごの戦い　ナルニア国ものがたり〈7〉』C・S・ルイス、
岩波少年文庫、2000 年

以上、他に邦訳あり

『フンケの魔法』シリーズ

『新装版　魔法の声』コルネーリア・フンケ、WAVE出版、
2006 年

『魔法の文字』コルネーリア・フンケ、WAVE出版、2006 年

『魔法の言葉』コルネーリア・フンケ、WAVE出版、2013 年

『ドラゴンライダー』シリーズ

『エラゴン　遺志を継ぐ者』クリストファー・パオリーニ、静山社、
2011 年

『エルデスト　宿命の赤き翼』クリストファー・パオリーニ、静山社、2018 年

『ブリジンガー　炎に誓う絆』クリストファー・パオリーニ、静山社、2018 年

『インヘリタンス　果てなき旅』クリストファー・パオリーニ、静山社、2018 年

『トワイライト』シリーズ

『トワイライト　〈上〉〈下〉』ステフャニー・メイヤー、ヴィレッジブックス、2008 年

『トワイライト II　〈上〉〈下〉』ステフャニー・メイヤー、ヴィレッジブックス、2009 年

『トワイライト　III　〈上〉〈下〉』ステフャニー・メイヤー、ヴィレッジブックス、2009 年

『トワイライト　IV　〈上〉〈下〉〈最終章〉』ステフャニー・メイヤー、ヴィレッジブックス、2010 年

映画やテレビの中の魔法使いたち

『ファンタスティック・ビーストと魔法使いの旅』デヴィッド・イェーツ監督、ワーナー・ブラザーズ、ヘイデイ・フィルムズ制作、2016 年公開

『ライラの冒険　黄金の羅針盤』クリス・ワイツ監督、ニュー・ライン・シネマ他制作、2008 年公開

『ゴーストバスターズ』アイヴァン・ライトマン監督、コロンビア映画配給、1984 年公開

『ゴーストバスターズ 2』アイヴァン・ライトマン監督、コロンビア映画配給、1989 年公開

『ゴーストバスターズ』ポール・フェイグ監督、ソニー・ピクチャーズ・エンターテインメント他制作、2016 年公開

『グレムリン』ジョー・ダンテ監督、アンブリン・エンターテインメント制作、1984 年公開

『グレムリン 2 新・種・誕・生』ジョー・ダンテ監督、アンブリン・エンターテインメント制作、1990 年公開

« Kaamelott » Alexandre ASTIER, François GUÉRIN, Calt, 2004 年〜継続中

『魔女の宅急便』宮崎駿監督、スタジオジブリ制作、1989 年公開

『レジェンド／光と闇の伝説』リドリー・スコット監督、20 世紀フォックス配給、1987 年公開

『リーグ・オブ・レジェンド／時空を超えた戦い』スティーヴン・ノリントン監督、20 世紀フォックス配給、2003 年公開

『プリンセス・ブライド・ストーリー』ロブ・ライナー監督、アクト III コミュニケーションズ制作、1988 年公開

『パイレーツ・オブ・カリビアン』シリーズ、ウォルト・ディズニー・スタジオ・モーション・ピクチャーズ配給、2003 年〜継続中

『チャームド　魔女 3 姉妹』シリーズ、コンスタンス・M・バーグ原案、スペリング・テレビジョン他制作、1998 〜 2006 年、2018 年

『サブリナ』シリーズ、バイアコム・プロダクションズ他制作、1996 〜 2003 年

『ストレンジャー・シングス　未知の世界』シリーズ、ザ・ダファー・ブラザーズ原案、21 ラップス・エンターテインメント他制作、2016 年〜継続中

『ヴァンパイア・ダイアリーズ』シリーズ、ケヴィン・ウィリアムソン原案、ワーナー・ブラザーズ・テレビジョン他制作、2009 〜 2017 年

ゲームの中の魔法使いたち

『ダンジョンズ＆ドラゴンズ』TSR、ウィザーズ・オブ・ザ・コースト制作、1974 年〜 2016 年

『マジック：ザ・ギャザリング』ウィザーズ・オブ・ザ・コースト制作、1993 年

『ファイナルファンタジー』シリーズ、坂口博信他制作、スクウェア・エニックス開発、1987 年〜継続中

『ウィッチャー』シリーズ、アンドレイ・サプコフスキ原作、CD Projekt 開発、2007 〜 2015 年

音楽の中の魔法使いたち

『ニーベルングの指環』リヒャルト・ワーグナー作曲、ダニエル・クライナー指揮、北西ドイツ・フィルハーモニー管弦楽団演奏、コビエル・クラシックス制作、2014 年

『くるみ割り人形』ピョートル・イリイチ・チャイコフスキー作曲、リチャード・ボニング指揮、ロンドン交響楽団演奏、デッカ制作、1995 年

『スリラー』ロッド・テンパートン作詞・作曲、クインシー・ジョーンズ・プロデュース、マイケル・ジャクソン歌、エピック・レコード制作、1983 年

LA PÂTISSERIE DES SORCIERS
by Aurélia BEAUPOMMIER

Published in the French language originally under the title
"La Pâtisserie des sorciers et autres desserts fantastiques"
©2018, by Éditions Solar, an imprint of Edi8, Paris, France.
Japanese translation rights arranged with Éditions Solar,
an imprint of Edi8, Paris, France.
through Japan UNI Agency, Inc., Tokyo

【著者】オーレリア・ボーポミエ（Aurélia BEAUPOMMIER）
元フランス国立科学研究センター図書館員。料理研究家。邦訳書に『魔法使いたち
の料理帳』、ほか著書に『ハリー・ポッファー——魔術師ではなく魔法使いのための非
公認料理マニュアル』がある。

【訳者】田中裕子（たなか・ゆうこ）
フランス語翻訳家。主な訳書に『魔法使いたちの料理帳』（原書房）、『「バカ」の研究』
（亜紀書房）、『美しいチョコレート菓子の教科書』（パイ インターナショナル）など。

魔法使いたちの料理帳　II

2020年11月30日　第1刷

著　者	オーレリア・ボーポミエ
翻　訳	田中裕子
装　幀	岡 孝治＋森 繭
発行者	成瀬雅人
発行所	株式会社原書房
	〒160-0022 東京都新宿区新宿1-25-13
	電話・代表　03(3354)0685
	http://www.harashobo.co.jp
	振替　00150-6-151594
印刷・製本	シナノ印刷株式会社

©2020, Yuko TANAKA
ISBN978-4-562-05860-0, Printed in Japan